JN107070

新

キムタツの東大英語リスニング Super

監修・執筆 木村達哉

英語の超人になる!
アルク学参シリーズ

大学受験のために必死で勉強する、これは素晴らしい経験です。しかし、単に大学に合格さえすればよいのでしょうか? 現在の日本に必要なのは、世界中の人々とコミュニケーションを取り、国際規模で活躍できる人材です。総理大臣になってアメリカ大統領と英語で会談したり、ノーベル賞を受賞して英語で受賞スピーチを行ったり、そんなグローバルな「地球人」こそ求められているのです。アルクは、大学受験英語を超えた、地球規模で活躍できる人材育成のために、英語の学習参考書シリーズを刊行しています。

東大受験生がほしがっていた本、作りました！

木村達哉（KIMURA, Tatsuya）

「先生、『灘高キムタツの東大英語リスニング』を秋の模試に向けて潰してきたのですが、この後は何をすればいいですか？」という生徒の声がきっかけで、本書の旧版『キムタツの東大英語リスニングSUPER』は生まれました。過去問は数が少ないですし、ニュース英語は短くて役に立たないと言います。また、「東大英語リスニング」を潰したおかげでリスニングの力がついたので、もっと骨のあるものが欲しいとのことでした。さらに東大入試のリスニング問題では、英語の音質を故意に落としてあるとよく指摘されていますので、それに対応できる教材があればいいという声もよく聞きました。

今回の改訂では、アメリカ英語、イギリス英語、オーストラリア英語で音声を収録したことが、大きな変更点の一つです。速度は旧版と同様に3段階あり、後半に行くにつれて速くなっていきます。また、音質を落とす代わりに、後半部分ではバックに自然な室内や屋外の雑音を入れて、やや聞き取りにくくしてあります。同シリーズの『新 キムタツの東大英語リスニング』をやり終えてから取り組んでもらえれば、リスニング力についてはかなり自信がつくレベルまで到達できることを確信しております。また、TOEICで800点以上を狙おうとする皆さんにも対応できているのではないでしょうか。

大学受験レベルでは最高峰のリスニング教材ができたと自負しています。この本をやり終えた皆さんが、東大などの難関大学に合格され、その後、それまで培われた英語力をさらにブラッシュアップして、今度は世界を舞台に大活躍されることを願ってやみません。その意味で、皆さんの夢をかなえる本になればいいなと考えております。最後になりましたが、合格されました折にはぜひご一報頂き、一緒に合格を喜ばせてくださいね。

動画もチェック！

木村先生の
さまざまな講義が聞ける
動画サイト
「キムタツチャンネル」
https://www.kimu-tatsu.com/youtube

「新 キムタツの東大英語
リスニング」シリーズの
読者の皆さんへの
メッセージ
https://youtu.be/d-94P3_0pxM

Contents

コラムKimutatsu's Cafeにご登場いただいた皆さんの肩書きは2021年11月現在のものです。

本書の利用法

本書は **Chapter 1**と**2**の2つの章から成っています。直前対策用に**Trial Tests**をいきなり解き始めてもよいですが、時間をかけて実力をつけたい場合は **Chapter 1**から取り組みましょう。

Chapter 1

Strategies

東大入試二次試験の英語リスニング問題に対応するための16のストラテジー（戦略）を、キムタツ先生が解説します。リスニング力の向上と、問題に対応するテクニカルな対策の両面から、役立つ情報をご紹介。問題を解く前に、また解いた後にも何度も繰り返し目を通すようにしてください。

Chapter 2

Trial Tests

本番と同様の形式の練習問題です。3つのセクションから成る問題を10回分、計30本掲載。試験直前であれば、この章から始めても構いません。Test 1〜Test 2 は160wpm、Test 3〜Test 8は170wpmで読まれます（wpm＝words per minute 1分間に読まれるおよその語数）。Test 9とTest 10はさらにスピードアップします。なお、Test 6以降の英文には「聞きにくさ」を演出するためのノイズが入っています。

音声のダウンロードについて

本書の学習に使用する音声は、パソコンまたはスマートフォンでダウンロード可能です。

パソコンでダウンロードする場合

下記のウェブサイトから音声ファイル（MP3形式。zip圧縮済み）をダウンロードしてください。

アルク「ダウンロードセンター」
https://portal-dlc.alc.co.jp/
※商品コード（7021044）で検索してください。

スマートフォンでダウンロードする場合

学習用アプリ「英語学習booco」をインストールの上、ホーム画面下「さがす」の検索窓に
本書の商品コード7021044を入力し、音声ファイルをダウンロードしてください。

「英語学習booco」について
https://booco.page.link/4zHd

※ダウンロードセンター、英語学習boocoともに、サービスの内容は予告なく変更する場合があります。
あらかじめご了承ください。

本書で使用しているマーク

🎧 **01** 音声ファイル01に対応していることを表します。

収録音声がアメリカ英語であることを表します。

収録音声がイギリス英語であることを表します。

収録音声がオーストラリア英語であることを表します。

東大英語リスニング問題の概要

東大入試のリスニング問題は、他大学の入試問題とどこが違うのでしょうか。ここでは東大入試二次試験のリスニング問題の概要と傾向、形式などをご紹介します。

 ## 試験時間

英語の試験時間120分のうち、約30分間放送される。大問が5つあるうちリスニング問題は3番目に当たり、放送開始も試験開始の45分後とちょうど中ごろに設定されている。放送が始まるまでの間はほかの問題を解くことになるが、リスニング問題の設問は問題用紙に掲載されておりいつでも目を通すことができる。設問に目を通しておくことで放送される音声の聞きやすさが大幅に変わってくるため、時間をうまく配分して必ず事前に読んでおいてほしい。例えば、試験開始直後の5分を設問を読む時間と決め、どんな内容が放送されるか、何を問われるかなど、できるだけ多くの情報を事前に確認しておきたい（**Strategy 6**参照→p. 15）。放送内容のメモを取るにしても、問題を解くのに必要のない情報をメモするために重要な情報を聞き逃すようなことがあってはもったいないからだ。

 ## 放送文の内容

(A)、(B)、(C) の3つのセクションが設けられ、2人以上の人物による会話と、講義や説明などのモノローグの両方が、ほぼ毎年出題されている。会話は情報量の多いやりとりや、1人の発言が長く複雑なものも出題されるので注意しよう。モノローグのトピックは科学から芸術まで多岐にわたり、聞き慣れない語句が登場することも多いため、理解力と集中力が一層要求される。問題用紙に記載された指示文中の「これから放送するのは〜についての会話である」などの情報も、リスニングの際の大きなヒントになる。これまでのところ、(A)、(B)、(C) のそれぞれが2回ずつ放送されている。設問は放送文の流れに沿った順序になっていることがほとんどであるため、1回目は問題用紙の設問を目で追いながら放送を聞いて解き、その際に解答に自信のなかった問題について、2回目ではどの部分に集中して聞くべきかの目安をつけておくようにしたい。

放送文の量

かなり長い音声を聞かなくてはならないのが東大リスニングの特徴である。(A)、(B)、(C) それぞれのセクションにつき、500語程度の英文が放送されると考えておけばよいだろう。ある程度の長さの英語音声に慣れるために、普段からリスニング対策書、海外のニュースやドラマ、インタビューなどの音声に触れておきたい（**Strategy 5**参照→p. 14）。また英語を語順の通りに素早く理解する必要がある点はリーディングと同様であり、リーディング力をはじめ総合的な英語力の強化も欠かせない。語彙はリーディング問題に比べ平易だが、難解な語句やなじみのない固有名詞も登場することがある。しかし、これらを知らないと解くことができないわけではなく、放送文中で語句について説明されていたり、聞き取ることができなくても解答には影響しなかったりする場合が多い。

設問の形式

ここ数年は、(A)、(B)、(C) の3セクションにつき、それぞれ5問の設問（放送内容についての質問、または放送内容についての文を完成させる問題）があり、それへの最も適切な答えを5つの選択肢から選ぶパターンが多い。いずれの場合も、放送文に出てきた語句を含むものを選べば正答できる問題もあれば、聞き取った数字を計算する必要があるなど多少のひねりが加えられた問題もあるため、正確な聞き取りに加え、理解力や思考力も要求される。設問と選択肢は基本的にすべて英文なので、それらを素早く読み、問われていることを正しく理解するリーディング力も、もちろん必要である。

Chapter 1

Strategies

一般的な入試の英語リスニング問題に比べ、かなりの量の英語音声を聞き取らなくてはいけない東大のリスニング問題。それに打ち勝つには、やみくもに音声素材を聞いたり、問題集を解いたりするだけでは不十分です。また、英語リスニングばかりに時間をかけるわけにもいきませんよね。ここでは短期間で確実に点を取るためのストラテジー（戦略）を紹介します。

東大英語リスニングを攻略する16のストラテジー

英語のリスニング問題について、「基本的な英語力があれば何とか聞ける」「直前に耳を慣らせば大丈夫」などと考えていませんか？ あてもなく勉強するのではなく、ここで紹介するストラテジー（戦略）を実践して、問題に確実に対応できる実力を身に付けてください。

東京大学のリスニングは約30分間行われます。配点は発表されていませんが、リスニングに与えられている時間が英語の全試験時間120分中の約30分ですから、4分の1が割かれていることになります。従って、配点も4分の1の30点が割り当てられていると考えられるでしょう。

もちろん、単純に量をこなせばリスニングに強くなれます。しかし限られた時間しか与えられていない受験生にとって、リスニングだけに多くの時間を割くことはできませんよね。読解や英作文の勉強もしないといけないし、他教科だって気になる。実はリスニングに関しては、勉強をする際のストラテジーと試験を受ける際のストラテジーとが存在します。それらを効果的に押さえれば合格レベルに達することができるのです。だから、心配せずにこの本を信じて、最後までお付き合いください。

リスニングに強くなるための Strategies

当たり前のことですが、まずは英語のリスニング力を付けていくことが基本です。しかし、同じ音声をいくら繰り返し聞いても、苦手な音が聞き取れるようになる保証はありません。さらに危険なのは、「何となく分かるけど、分からないところもある」という曖昧な状態のまま放っておいてしまうこと。そんな状態に少しでも心当たりがある人は、自分の実力を疑い、自分の弱点をよく知り、それを克服するためのトレーニングを積んでいくようにしてください。ここではそのために必要な5つのストラテジーを紹介します。

Strategy I

聞き取れない理由を追究しよう！

膨大な量の音声を聞くことなく、時間的にも労力的にも無駄なく確実に力を付けるにはどうしたらいいか。まず必要なことは自己分析です。「問題を解いてみる→解答と解説を読む→スクリプトを見て納得する」の流れだけで終わってしまっている人はいませんか？ それでは極めてアバウトなリスニング力しか付かず、いつまでたっても細部まで聞けるようにはなりません。断言します。聞き取れなかった理由を突き止める作業をしないと！ どの部分が聞き取れなかったのか。なぜ聞き取れなかったのか。音が連結していたから？

音の脱落？　速度の問題？　それをとことんまで追究することです。

自分で発音できない音は聞き取れない！

　音の連結（単語の最後の音と次の単語の始まりの音とがつながる現象）や脱落（つづりにある音が発音されない現象）などについての知識も必要です。また、具体的にどのような連結や脱落が起こるのかを理解した上で、自分でも発音できないとダメです。例えば put it up を「プット・イット・アップ」としか発音できない人に、「プリラァップ」のように発音されたものが聞き取れるわけがありません。つまり、問題に正解したのか不正解だったのかということよりもむしろ、自分が聞いた音声のスクリプトを何度も音読したり、オーバーラッピングやシャドーイングをしたりすることが重要なのです。

　音読というのは、与えられたスクリプトを文字通り声に出して読むことです。その際、音声を繰り返し聞きながら、イントネーションや発音をそれに似せていくことが重要です。オーバーラッピングは、流れてくる音声にぴったり重ねるように英文を音読する練習法です。シャドーイングは、スクリプトを見ずに、流れてくる音声を自分で再現していく練習法です。音声を聞きながら、ほぼ同時進行で自分でもまったく同じように発音しましょう。つまり、音声から1秒か2秒ずつ遅れながら影のようについていくことになります。そうすることで、耳のトレーニングをしながら、同時に発音を良くすることができます。聞きながら話すわけですから、かなりの集中力を必要としますが、効果は抜群です。最初からシャドーイングをしようとせずに、音読やオーバーラッピングを何度もした後で（覚えてしまうくらいスクリプトを頭に入れた状態で）シャドーイングを始めた方がよいでしょう。

音の思い込みは厳禁！

　音読も、オーバーラッピングやシャドーイングも、自分が思い込んでいる発音（カタカナ的発音）と「実際の音」との間にあるズレを埋めるためのトレーニングです。そのズレを矯正できない限り、正確に聞き取ることはできません。例えば、数字の聞き取りにしてもそうです。twenty を「トゥエンティ」と発音する人は、「トゥエニ」のような、アメリカ英語で一般的な発音が聞き取れません。東京大学の入試では数字が問われることもよくありますので、基本的な語であっても「音の知識」に関してはじっくり学び、体得しておかないとダメです。「この単語はこういう音だ」という自分勝手な思い込みは非常に危険なのです。

ディクテーションでは細かい部分にこだわろう！

Strategy 4

　音読やオーバーラッピング、シャドーイングのほかに、じっくりと時間をかけて取り組んでほしいのがディクテーションです。

　まず、音声を少しずつ止めながら紙に書き留めていきます。何度も何度も同じ部分を聞きながら紙に書いていくのですね。

　何度聞いても分からない部分は、聞こえた通りにカタカナで書き留めます。例えばLet's not rule out the possibility he is just lost.という文が流れて、一部が聞き取れなかったとします。**Strategy I**でも述べたように、聞き取れない原因を追究することが重要なのですが（Let's not や rule out という表現を知らなかったのか、the possibility he is just lostの文構造が理解できなかったのか）、それはさておき、スクリプトを見る前にまずは何度も聞いて書き出します。仮に「Let's not ルーラウダ possibility his just lost.」と書き取ったとしましょう。問題はこの後です。

　ルーラウダと聞こえた箇所がrule out theであることを認識することが重要なのです。さらに辞書などでrule outを引いて意味を確認し、知識を増やしましょう。意味を知らない語句を聞き取れるはずがありませんからね。さらに冠詞も重要です。三人称単数現在形のsや複数形のsなどもそうですが、弱く発音されることが多い箇所は、気を付けることによって聞こえるようになってきます。肝心なのは、スクリプトを見たとたん、「ルーラウダ」の音を頭の中で「ルール・アウト・ザ」に戻さないことです。

　ついでに、his just lostの部分は文法的に明らかにおかしいですよね。音がそう聞こえたとしても、紙に書き出したものを後から見直すことで間違いを修正できるはずです。そして修正した後はさらに何度も聞きましょう。

長い英語音声を聞く基礎体力を養おう！

Strategy 5

　設問を頭に入れて、記憶力も使いながら長い音声を聞くためには、集中して英語を聞くことに慣れておかなければなりません。短期間でリスニング力をアップさせるコツを身に付ける一方で、やはり普段から長めの英語音声を聞いてリスニングの基礎体力を養成することは大事です。そのためには、聞き流すだけになってはいけません。情報を拾っていく聞き方をするために、スクリプトが付いていて、理解しやすい内容の素材からスタートし、少しずつ長いものを聞けるように慣らしていくことです。易しめの素材では、例えばアルクの『VOA ニュースフラッシュ』、レベルを上げるなら月刊誌の『English Journal』などは、使いやすく内容にも興味が持てる教材だと言えます。東大の英語リスニングに特化した形の素材ではありませんが、それでも長い時間聞き続けるという練習には十分なり得るものだと思います。

テストに強くなるための Strategies

　基礎体力としてのリスニング力を付けていく一方で、問題を解くのに適した聞き方を磨いていく必要があります。過去の問題を見ると、設問の形式は少しずつ変わっていますが、「事前に分かる情報はしっかり押さえておく」「必要な要素を拾うように聞く」という対処法は、どんな出題内容であっても基本的に変わらないはずです。ここでは、過去の問題に共通するポイントとともに、どんな問題にも応用可能なストラテジーを紹介します。

Strategy 6

試験開始の合図と同時にすべきこと

　東大の英語の試験が始まったら、必ずしなければならないことがあります。それは、第1問を解き始めることではありません。リスニング問題をチェックすることです。**リスニング問題は試験が45分経過したころから始まりますが、**それまでに「予習」をしておかねばなりません。問題文そのものが正解を導くヒントになるからです。問題文からは「放送文のテーマ」「問われる内容」「話題の展開」「放送文に登場するであろう語句」などの情報を得ることができるんですね。それらを事前に調べて知っておく人とそうでない人との間に、大変な差ができるのは言うまでもありません。

Strategy 7

設問からヒントをつかもう！

　試験開始の合図が鳴ったら、まずはリスニングのページ（試験全体の3番目のセクション）を開きます。そしてリーディング問題を解くときと同じような要領で、与えられている情報をすべてチェックします。何についての話なのかを知ることが重要だからですが、それ以外にも理由があります。**東大のリスニング問題では、設問の順番が話の流れとおおむね一致しているため、**設問の流れから話の筋が見えることがあるのです。つまり、設問がパラグラフの切り替わりを知るヒントにもなります。リーディングの際にはパラグラフが目に見えますから、「話題の変わり目」が分かりやすいわけですね。ところがリスニングの場合、慣れていないとどこからが次のパラグラフなのか分かりません。「ここから次のパラグラフに移ったな」と分かれば、当然、そこから新しい話題が展開されると意識でき、非常に理解しやすくなります。それを設問から事前に読み取れる可能性があるのですから、設問がいかに重要なヒントなのかが分かるでしょう。

答えを待ち構える姿勢で聞こう！

　何度も練習していると分かってくることですが、放送を聞いてから答えを考えるという姿勢ではなく、設問を読んである程度の内容を推測し、その推測に従って答えを待ち構えるような姿勢で聞くことが重要です。例えば2019年のリスニング（A）で出題された次の問題を見てみましょう。

Which of the following best describes the chief goal of team sports for school systems?

　　a）They want students to become good citizens.
　　b）They want students to obey rules and respect authority.
　　c）They want students to practice fair play.
　　d）They want students to show consideration for others.
　　e）They want students to value teamwork.

　問われているのは、「学校制度にとってのチームスポーツの主な目標を最も適切に説明しているのは、次のうちどれか」ですね。それぞれの選択肢は、a）「学生たちによい市民になってほしい」、b）「学生たちに、規則に従い、権威を敬ってほしい」、c）「学生たちにフェアプレーを実践してほしい」、d）「学生たちに他者への配慮を示してほしい」、e）「学生たちにチームワークを大切にしてほしい」ということですから、放送文を聞かなくても、話に「チームスポーツ」や「学校制度」「学生たち」が登場することが分かります。

　また、この設問は(A)の4つ目の小問なのですが、その点からも、おそらく放送の後半に答えに当たる箇所が出てくるはずだと予想できます。東大入試ではおおむね、5つの設問で問われることの順序は、放送に登場する順序と一致するからです。

　さらに、(A)の2つ目の小問にはancient sportsという語句が、5つ目の小問にはmodern team sportsという語句が使われていることに着目すれば、放送文の流れがある程度予想できるはずです。

メモは必要な場合のみ！

　メモについて重要なのは、聞こえてくるほとんどのことをメモしようとしてはダメだということ。**必要なこと、あるいは必要だと思われることだけをメモする姿勢が重要なんですね。**問題文に目を通し、だいたいの内容をつかみます。そして、必要になりそうなことだけをメモし、それ以外は音だけに集中して記憶に留めます。**メモすることに集中力を使い過ぎると、書いている間に流れてきたことを聞き逃すことになりかねません。**放送は2回ずつ流される（かつては3回のときもありました）ので、2回の間にじっくりと内容を聞き込むことです。メモを取ることにこだわる必要はありません。本書の問題を解くときには、必要なことだけをメモしたかを、解答した後にチェックしてみるといいでしょう。何が必要な情報なのかというメモのコツが、だんだんつかめてくるはずです。また、聞く力が上がると、メモはそれほど必要ではないことが分かるでしょう。

焦りは最大の敵！

　途中で分からなくなっても焦らないことです。聞き取れないことにショックを受け、立ち直れなくなる受験生がいます。一度気持ちが負けてしまうと、後は頭が真っ白になったまま英文が流れていくだけです。東大のリスニングは、クリアな音のアメリカ英語だけが放送されるわけではありません。イギリスなど他地域の英語が放送されることもあり、受験生たちにとっては、慣れていないため聞き取りにくいようです。そのような「聞き取りにくさ」のために精神的に追い詰められて冷静さを失い、聞けるものまで聞けなくなってしまったりするのですね。

　東大入試の場合、過去の問題傾向からすると、内容全体について考えさせるような問題は少なく、話題のまとまりやパラグラフごとに内容を問う問題が多いのです。だから聞けなかった部分があったとしても、その部分は2回目の放送時に頑張って聞くことにして、その続きから集中して取り組めば大丈夫。ナレーターが一呼吸置いたところで、皆さんも気を取り直してください。焦りは禁物ですよ。

「主張→理由」のパターンを押さえ、話の流れを予測！

　リーディング問題のスクリプトを読むと、ほとんどの文章が「筆者の主張→理由付け→主張の再確認」といった流れになっていることが分かるでしょう。例えば、第1パラグラフでは筆者の言いたいことや中心的トピックを提示し、第2パラグラフではその具体例を挙げたり誰かの言葉を引用したりしながら、主張について理由付けを行います。そして最終段落でもう一度筆者の主張をまとめる、といった具合に進むのが定石パターンです。また、こうした文章全体の流れだけでなく、各パラグラフの中を見ても、抽象的な投げ掛けをした後で具体的な説明が続くといった展開を随所に見ることができます。

　リスニングでも同じことが言えます。特に講義問題では科学分野などの論理的説明が出題されることが多く、たいていは話者の言いたいことが最初に述べられて、その後にその主張について理由付けがなされます。上で述べたように、具体的な研究結果や科学者の言動が例示されたりもします。主張が述べられた後には、その理由付けが続くはずだと予測しながら聞くことによって、全体を理解することがより容易になるでしょう。

自分の答案に自信を持とう！

　当然のことですが、リスニングは放送が終わってしまえば聞き直しができません。ところが放送が終わってからあれこれと考えてしまって、自分の答案を直してしまう人がいます。これが無意味なのは本人にも分かっているのですが、どうも自信がないものだから、放送内容の確認ができない状況なのに直してしまって、余計に間違えてしまうのですね。リーディングやライティングにおいては一度作成した答案を見直すことが非常に重要ですが、リスニングでは一度選んだ答えは直すべきではありません。放送中に何となくでもそう聞こえたのであれば、その「何となく」に対して自信を持ちましょう。実はリスニングでは、その「何となく」も大事な要素なのです。

より確実に点を取るためのStrategies

　ここまで把握できたら、あと少し、本番に強くなるためのコツをつかめば完ぺきです。すべてのストラテジーを、21ページからのTrial Testsを解く前にしっかり読み、また解いた後にも読み返すようにしてください。初めは「どうやったら長い音声が聞けるようになるんだろう?」と思っていたあなたも、全ストラテジーが身に付くころには、必要な要素をうまく聞き取ることができるようになっているはずです。

過去の問題を解いて出題傾向を知ろう!

Strategy 5で述べたように、リスニングの基礎体力を付けるのは非常に重要なことですが、何よりしなければならないのは過去に出題された問題を何年分か解いて傾向を知ることです。同じものが出題されることはあり得ませんが、それでも出題傾向は似たものになりがちです。例えば、放送文に出てきた数字(簡単な計算が必要なこともある)が出題される、放送文に出てきた表現が、選択肢では別の表現に言い換えられる、といったような傾向はだいたい毎年同じです。過去の問題から大まかな傾向をつかんでおくことで試験に臨むときの緊張感も和らぎますので、しっかりやっておきましょう。

ディスコースマーカーから話題の転換点をつかもう!

　講義であろうと会話であろうと、リーディング問題のパラグラフと同様に音声にも「話題の変わり目」が存在します。東大入試の設問はそうした話題の一つ一つについて細かく問うものが多いので、全体を何となく聞いて概要をつかむだけではダメです。集中して話題の流れをつかみ、必要な情報を拾っていくような聞き方をしなければなりません。話題の転換点に注意を払うことが必要です。

　話題の転換点には**ディスコースマーカーと呼ばれる語句が存在します。**for example(例えば:例示)やon the other hand(一方で:対比)などはよく使われる例ですね。そういった語句が出てきたら、「パラグラフが変わったんだな」「このパラグラフは前のパラグラフとの対比だな」といった判断をする習慣を付けることです。

Strategy
15

一般論で判断するのは危険！

　Strategy 6 で、試験開始後すぐにリスニング問題をチェックするように
と書きましたが、その際には先入観を持たないことが大事です。例えば、「新
しいタイプの身分証明書」に対するコメントやさまざまな国の姿勢などにつ
いての問題だったとしましょう。その際、現在の身分証明書に対する先入観
や一般論を根拠に解答する受験生が少なからずいます。つまり、現在の身分
証明書に関する常識的な考え方を基にして選択肢をチェックしてしまうので
すね。それでは正解にたどり着くことなんてできっこありません。リスニング
の問題は、放送を聞き取れているかを試すものだからです。**一般論や自分な
りの価値観を頭から削除して、放送の中に出てくる事柄を集中して聞くこと
が重要です。**

Strategy
16

自分の可能性を信じて！

　何よりも有効なストラテジーがあります。自分の可能性を信じて継続する
というものです。文法や単語などの「覚える学習」は進度や効果を実感しや
すく学習を継続しやすいのですが、リスニングはリーディングと同様の「積
み重ね学習」であるため、結果がなかなか出ないことで挫折してしまいがち
です。でも、ある程度の量をこなさないと正確な聞き取りをすることは不可
能なのです。

　最初は聞き取れなくてイライラすることもあるかもしれませんが、絶対に
自分は聞けるようになって、あの東大で英語の授業を受けるんだという意識
を持ちましょう。どんな方法を使っても自分のモチベーションをキープするこ
と！　それが何よりのストラテジーなのです。受験生の皆さん、頑張ってくだ
さいね。応援しています。

Chapter **2**

Trial Tests

ストラテジーを頭に入れたら、い
よいよ実践です。まずは、「本書
の利用法」(p.6〜7)、「東大英語
リスニング問題の概要」(p.8〜9)、
そして次のページの「**Trial Tests**
の使い方」に目を通しましょう。
Trial Testsは、10年分の本試験
に相当する量があります。あせら
ず、じっくりと納得できるまで取
り組んでください。また、緊張感
を持ち、時間を区切り、本番だと
思って取り組むことが大切です。

Trial Tests の使い方

▶問題→解答と解説→音読

1. 問題を解き、答え合わせをして、音読やシャドーイングのトレーニングを行う流れで学習しましょう。以下の点を確認し、本番に近い形で問題を解くようにしてください。

    ■音声ファイルの先頭で一時停止しておきます。

    ■音声を聞く前に5分間、設問に目を通してください。質問文と選択肢を見ながら、テーマは何なのか、どんなことが問われるのかを確認します。

    ■5分経ったら、音声を再生して問題を解きます。再生が終わったら、もう一度音声ファイルの先頭で一時停止させます。この状態で選択肢を選びます。

    ■3分ほど経ったら音声を再生し、もう一度聞きましょう。再生が終わったら音声を止めて解答を確定させます。(A)、(B)、(C) すべてこの要領で問題を解いていきましょう。

2. 解答と解説のページに進み、答え合わせをします。間違えた問題は正解を確認し、正解だった問題も確信がなければ解説を読んで正解の理由を確認しましょう。

    ■[設問から得られるヒント]、[設問ごとのリスニングポイント]、1問ごとの解説、スクリプトと訳文。これらを活用してください。

    ■ただし、この時点ではスクリプトをできるだけ読まないことが大切です。文字で理解するよりも、耳で理解するように繰り返し音声を聞きましょう。

    ■最後にスクリプトに目を通し、不正解だった問題に当たる部分から問われなかった部分にいたるまで、正確に文章を理解します。また、音読やオーバーラッピング、シャドーイング、ディクテーションも行ってください。

    ■英文は、後半に行くほど、読み上げるスピードが上がります。**Trial Test 6**以降では、英文に自然な背景音を想定したノイズが入っています。

    ※英文には架空の内容も含まれます。

左ページで **Trial Tests** の使い方を読んだら、さっそく
最初のテストに取り組みましょう。**Trial Test 1**と**Trial
Test 2**は1分間に約160語のスピードです。

🎧 01

(A)

これから放送するのは、イギリス英語に関連したアメリカ人親子の会話である。これを
聞き、(**1**) 〜 (**5**) の問いに対して、それぞれ最も適切な答えを一つ選べ。

(1) **According to Wendy, American English has**

a) several regional spoken variations.
b) many different accents in the West.
c) no geographical background at all.
d) a longer history than other countries.
e) very strict grammatical rules.

(2) **According to Wendy, the definition of Received Pronunciation
is English spoken by**

a) TV announcers.
b) the "cultivated" English.
c) everyone in England.
d) people who finished graduate school.
e) limited members of royal families.

(3) **According to Wendy, one of the grammatical differences
between American and British English is that**

a) the British use the irregular forms of past tense verbs more often.
b) the British have more patterns of past tense verbs than Americans.
c) Americans use the irregular forms of past tense verbs more often.
d) Americans have more patterns of past tense verbs than the British.
e) Americans have more complicated concepts of auxiliary verbs.

(4) In American English, the British English word "boot" can mean

  a) bonnet.
  b) trunk.
  c) hood.
  d) divided highway.
  e) dual carriageway.

(5) According to Wendy, one British idiom is

  a) a new lease on life.
  b) two cents' worth.
  c) a new lease of life.
  d) smelled and leaped.
  e) not stylish.

🎧 02
(B)
これから放送するのは、司会者とゲスト2名（Jerry、Ann）が英米の言葉の違いをテーマに話すラジオ番組である。これを聞き、(6) ～ (10) の問いに対して、それぞれ最も適切な答えを一つ選べ。

(6) According to Jerry, his college specialty was

  a) South American culture.
  b) language.
  c) communication.
  d) international relations.
  e) Roman history.

(7) According to the conversation between Ann and another woman, nappies are

    a) items to use instead of diapers.
    b) tiny clothes for kids.
    c) portable chairs made for babies.
    d) bed sheets for small beds.
    e) items to put on babies to hold their waste.

(8) What is NOT true about Hadrian's Wall?

    a) It once stretched across England.
    b) It is a UNESCO World Heritage Site.
    c) It was built by the Romans.
    d) All of it still stands.
    e) It is not far from Hexham.

(9) Jerry asked the clerk the same question twice because

    a) Jerry thought he hadn't made sense to the clerk.
    b) Jerry wasn't sure the clerk had heard the first time.
    c) Jerry couldn't catch what the clerk was saying.
    d) Jerry thought he had confused the clerk.
    e) Jerry thought the clerk was rude.

(10) The clerk finally communicated what he wanted to say by

    a) writing the directions.
    b) gesturing.
    c) speaking slowly.
    d) showing some items.
    e) handing him a map.

🎧 03

(C)

これから放送するのはある楽器についての講義である。(11) ～ (15) の問いに対して、それぞれ最も適切な答えを一つ選べ。

(11) According to the speaker, the truth about the Native American flute is that

　a) it is a modern instrument.
　b) it doesn't go well with other instruments.
　c) it can be used without other instruments.
　d) it is always played with other instruments.
　e) it was once thought extinct.

(12) The speaker gives us several ways how Native Americans used their flutes. One that he did NOT mention is

　a) asking for marriage.
　b) ceremonies.
　c) cures.
　d) entertainment.
　e) meditation.

(13) According to the speaker, there were traditionally two kinds of Native American flutes. One of them was

　a) the rattles.
　b) the powwow.
　c) the cane.
　d) the log.
　e) the Woodland.

(14) According to the speaker, a Native American flute is different from an ordinary flute because

a) it has five or six more holes.
b) it has a wall in it.
c) it suits popular music.
d) it has fewer chambers.
e) it has three chambers in total.

(15) According to the lecture, what is NOT true about the Native American flute?

a) The queen of England awarded one of its players.
b) Its resonance is similar to that of other flutes.
c) The finger holes are in the bottom chamber.
d) The sound can take you back to a different era.
e) It is the only flute in the world with two chambers.

解き終わったら、次ページからの
解答と解説をチェック！

Trial Test I
▶解答と解説

(A)

[設問から得られるヒント]
指示文に「イギリス英語に関連したアメリカ人親子の会話」とある。設問を見ると、アメリカ英語とイギリス英語の「差異」に言及していることが推測できる。
[設問ごとのリスニングポイント]
(1) 会話の冒頭で親子が何をどのように調べ、その結果何が分かったのかに注意しよう。
(2) 「標準発音」を意味する語句を聞き逃さないように注意。その付近に答えがあるはずだ。
(3) アメリカ英語とイギリス英語を文法的に比較する場面が出てくるはず。grammar などの語に注意しておこう。
(4) イギリスで使われる単語とアメリカで使われる単語が対比されると予想できる。
(5) 前の問題と内容的に近いので、ヒントも近くにある可能性がある。

(1) 正解：a)

ウェンディによると、アメリカ英語では
a) いくつかの地域的な話し方の違いがある。
b) 西部で多くの異なるアクセントがある。
c) 地理的な背景事情は一切ない。
d) 他国よりも長い歴史がある。
e) 非常に厳格な文法規則がある。

解説

ウェンディの American English has four regional spoken variations, mainly based on pronunciation and vocabulary ― Northern, Southern, Midland and Western（アメリカ英語では、主に発音と語彙に基づき、4つの地域的な話し方の違いがある）がヒント。

(2) 正解：b)

ウェンディによると、「標準発音」の定義とは……によって話される英語である。
a) テレビのアナウンサー
b) 「教養のある」イングランド人
c) イングランドのすべての人々
d) 大学院を修了した人々
e) 皇室内の限られた人々

解説

会話中盤で、ウェンディが Britain's Received Pronunciation is spoken by educated speakers in the southeast of England（イギリスの標準発音は、教育を受けたイングランド南東部の話し手たちによって話されている）とあるので、ふさわしいのは b)。d) は、特別に「大学院」という言及がないことから不適切である。

(3) 正解：a)

ウェンディによると、アメリカ英語とイギリス英語の文法的な違いの1つとして

a) イギリス人は、過去形動詞の不規則形をより頻繁に使う。
b) イギリス人は、アメリカ人よりも多様な過去形動詞を使う。
c) アメリカ人は、過去形動詞の不規則形をより頻繁に使う。
d) アメリカ人は、イギリス人より多様な過去形動詞を使う。
e) アメリカ人は、助動詞についてより複雑な概念を持っている。

解説

父親の What does it say about grammar differences? という質問に続くウェンディの回答がカギ。動詞の過去形について言及し、Americans use the irregular forms less frequently than Brits.（アメリカ人はイギリス人よりも不規則な形を用いることが少ない）と言っているので、それを言い換えた a) が正解。a) と c) で混乱しないように注意しよう。

(4) 正解：b)

イギリス英語の "boot" という語は、アメリカ英語では……を意味する。

a) bonnet (ボンネット［英］)
b) trunk (トランク［米］)
c) hood (ボンネット［米］)
d) divided highway (中央分離帯のある道路［米］)
e) dual carriageway (中央分離帯のある道路［英］)

解説

語彙の違いについての会話で、ウェンディが the British say "bonnet" and "boot" whereas Americans say "hood" and "trunk"（イギリス人は bonnet と boot と言うけど、アメリカ人は hood と trunk と言う）と言っている。イギリスの boot に対応しているのは trunk なので、b) が正解である。

(5) 正解：c)

ウェンディによると、イギリスの成句の1つは

a) a new lease on life (命拾い［米］)
b) two cents' worth (意見［米］)
c) a new lease of life (命拾い［英］)
d) smelled and leaped (smell［匂う］と leap［飛び跳ねる］の過去形［米］)
e) かっこよくない。

解説

会話の最後でイディオムについて話している。ウェンディがいくつか例を挙げていて、その中で The British say "a new lease of life," where we say "a new lease on life"（私たちが a new lease on life というところをイギリスでは a new lease of life と言う）と言っている。つまりイギリスで使われている成句は c) である。on と of の細かい違いなので、聞き落とさないように。

▶スクリプトと訳

(A)   Wendy  Father

Wendy: Dad, I have to write a paper on the differences between American English and British English, but I don't know where to start. Can you help me?

Father: Sure, Wendy. Just turn on your computer and let's access some information from the internet. Is your computer on? OK, now, do a Google search. Type in "differences between American English and British English."

Wendy: OK. I've got it. I'll just click on this link.

Father: Well, what does it say?

Wendy: It says first that there are a variety of accents or dialects in both kinds of English. It says that American English has four regional spoken variations, mainly based on pronunciation and vocabulary — Northern, Southern, Midland and Western — with fewer differences in the West because dialects mixed when people migrated to that part of the U.S.

Father: That makes sense. You don't find the strong differences in accents on the West Coast that you find back East, such as between Southern Appalachia and New York City. What about British dialects?

Wendy: Well, it says that the dialects vary not only among the U.K. countries of Wales, Northern Ireland, Scotland and England but even within those countries.

Father: That makes sense, too. Britain's long history allowed those differences to develop, as there were extended periods in which people were isolated from each other. So, does it say that there is any way we can generalize about the differences between American and British English?

Wendy: Well, it says that General American is based on the pronunciation of TV newscasters, while Britain's Received Pronunciation is spoken by educated speakers in the southeast of England, and that there are differences in pronunciation, grammar and vocabulary.

Father: What are some of those?

Wendy: Well, in terms of pronunciation, for one thing, it says that some words that were borrowed into English from French are pronounced differently. In British English, the stress has remained on the first syllable whereas in American English it is on the final syllable.

Father: That rings a bell. It's common to hear a-dult and vac-cine in American English and a-dult and vac-cine in British English.

Wendy: Yes. And it says that there are other differences in stress and in the pronunciation of some vowels.

Father: What does it say about grammar differences?

Wendy: Well, for one, with the regular and irregular forms of past tense verbs, it says that in some cases, Americans use the irregular forms less frequently than Brits. For example, in British English, smelt and leapt are the common past tense forms of smell and leap.

Father: That's right. Americans say smelled and leaped. What does it say about vocabulary?

Wendy: It says that there are many differences between vocabulary related to the automobile and other forms of transportation, and, of course, slang and idiomatic phrases are different.

Father: Hmm. Let's see if we can think of some examples ...

Wendy: Well, the British say "bonnet" and "boot" whereas Americans say "hood" and "trunk," and they say "dual carriageway" where we say "divided highway." As for slang, there are many differences such as "naff" ...

Father: What does that mean?

Wendy: It says it means not stylish or not good. As for idioms, there are many differences, too. The British say "a new lease of life," where we say "a new lease on life," and "tuppence worth," where we say "two cents' worth."

Father: That's interesting. Well, I hope my tuppence worth has helped.

Wendy: Sure, Dad. You've given me a new lease of life.

ウェンディ：パパ、アメリカ英語とイギリス英語の違いについてレポートを書かなくちゃいけないの。でも、どこから始めればいいか分からなくて。手伝ってくれない？

父：いいとも、ウェンディ。まず、君のコンピューターのスイッチを入れて、インターネットの情報にアクセスしてみよう。コンピューターは立ち上がった？よし、ではグーグルの検索をやってみよう。「アメリカ英語とイギリス英語の違い」と入力してごらん。

ウェンディ：オッケー、出たわ。このリンクをクリックしてみるわね。

父：よし、何て書いてある？

ウェンディ：まず、どちらの種類の英語にもさまざまな訛りや方言があるって書いてあるわ。アメリカ英語には、主に発音と語彙に基づき、北部、南部、中部、西部と、4つの地域的な話し方の違いがあって、西部の中では、合衆国のその部分に人々が移民してきたときに方言が交じり合ったために、（ほかと比べて地域内の）違いが少ないんですって。

父：なるほど。西海岸では、南アパラチアやニューヨーク市など東海岸で見られるほどの、きつい訛りの違いは見られないね。イギリスの方言についてはどう

だい？

ウェンディ：えっと、イギリスではウェールズ、北アイルランド、スコットランド、そしてイングランドの間だけではなく、それらの地方の中でも方言が変化するって書いてあるわ。

父：それもそうだね。イギリスにはそういった差異ができていく長い歴史があって、その歴史の長い年月の間に、人々は互いに相手から隔離されたんだ。それで、そこにはアメリカ英語とイギリス英語の違いを一般的に述べる方法があると書いてあるかい？

ウェンディ：そうね、一般のアメリカ英語は、テレビのニュースキャスターの発音に基づいていて、一方、イギリスの標準発音は、教育を受けたイングランド南東部の話し手たちによって話されている、そして発音、文法、および語彙において違いがある、と書いてあるわ。

父：それらには、どんなものがあるの？

ウェンディ：ええっと、例えば発音に関して言えば、フランス語から借用して英語になった言葉の中には、異なって発音されるものがあるそうよ。イギリス英語では、アクセントは第1音節のままで、アメリカ英語では最後の音節にアクセントがあるの。

父：そういえば思い当たることがあるよ。アメリカの英語では、a-dult（大人）とか、vac-cine（ワクチン）というのを聞くのが普通だけれど、イギリスの英語ではa-dultやvac-cineが一般的だ。

ウェンディ：そうね。そしてここには、アクセントや母音の発音にもそのほかの違いがあると書いてある。

父：文法の違いについては、どんなことが書いてある？

ウェンディ：そうね、例えば、過去形の動詞の規則的な形と不規則的な形について、場合によってアメリカ人はイギリス人よりも不規則的な形を用いることが少ないと書いてあるわ。例えば、イギリス英語はsmeltやleaptがsmell（匂う）やleap（飛び跳ねる）の一般的な形よ。

父：その通りだ。アメリカ人はsmelledそしてleapedと言うね。語彙については何と書いてある？

ウェンディ：自動車やそのほかの形の輸送に関連した語彙では、多くの違いがあって、もちろんスラングや成句的表現が異なるそうよ。

父：ふむ。いくつか例を思いつけるか考えてみよう……。

ウェンディ：そうね、イギリス人はbonnet（ボンネット）とboot（トランク）と言うけど、アメリカ人はhoodとtrunkと言うわ。そして彼らは、dual carriageway（中央分離帯のある道路）っていうけど、私たちはdivided highwayと言うわね。スラングについては、naff（ダサい）とか、たくさんの違いがあるわ……。

父：それ、どういう意味だい？

ウェンディ：それは「流行に合ってない」とか、「よくない」って意味って書いてあるわ。成句についても、たくさんの違いがあるわね。私たちがa new lease on life（命拾い）というところをイギリスでは a new lease of life と言って、私たちが two cents' worth（意見）というところを彼らは tuppence worth と言うわね。

父：それは面白いね。さて、私の意見が役に立ったならいいけど。

ウェンディ：もちろんよ、パパ。おかげで命拾いしたわ。

(B)

[設問から得られるヒント]
指示文でテーマが明示されている。こういったケースもあるので、指示文もしっかり見ておく
ようにしよう。また、設問からは、メインゲストのJerryのコミュニケーションにまつわる話
と考えられる。

[設問ごとのリスニングポイント]
(6) specialty（専攻）と類似の意味の語を聞き取ろう。数語で表せる内容なので、油断し
    ないように注意。
(7) 選択肢から、diapersという語や子どもにかかわるものと考えられるので、そこを頭に
    入れて聞くように。
(8) 問題が漠然としているので、Hadrian's Wallについての話に入ったらこの問題に集中
    するように心掛けることが大切だ。
(9) ジェリーとホテル従業員のやりとりに注意して、質問を繰り返した理由を把握しよう。
(10) 設問のfinallyという語に注目。その前にほかの手段を使ったことが示唆されているわけ
    だから、それをヒントに待ち構えて聞こう。

(6) 正解：b)

ジェリーによると、彼の大学での専攻は……だった。

a) 南米文化
b) 言語
c) コミュニケーション
d) 国際関係
e) ローマ史

解説

答えのある番組冒頭ではcommunicatingという語も出てくるが、majored in linguistics（言
語学を専攻していた）とあるので b) が正解。文中でのmajor in ～（～を専攻する）を設問中
のspecialtyに言い替えている。

(7) 正解：e)

アンともう1人の女性の会話によると、nappiesとは……である。

a) diapersの代わりに使う道具
b) 子ども用の小さな服
c) 赤ちゃん用の持ち運べる椅子
d) 小さなベッド用のシーツ
e) 排泄物を受け止めるために赤ちゃんに着せるもの

解説

設問から、アンの発言にヒントがあると分かる。まず、diaperとnappyが同じ物を指していること
に気付きたい。イギリス人看護師がnappiesと言ったときに、アンは理解できなかったが、アメリ
カでいうdiapersのことと気付き、The things you put on babies so they don't soil their
beds.（赤ちゃんがベッドを汚さないように身に着けるもの）と言う。つまり、どちらも「おむつ」を

意味し、その用途を説明している e) が正解。

(8) 正解：d)

ハドリアヌスの長城について正しくないものはどれか。
a) かつてイングランド全域にわたる長さがあった。
b) ユネスコの世界遺産指定地である。
c) ローマ人によって建設された。
d) その全体が今でも存在する。
e) ヘクサムから遠くはない。

解説

番組後半で触れられる、ジェリーがハドリアヌスの長城を訪れたときの話が問題になっている。司会者の It used to cover the whole width of the island（かつては島の全幅にわたって延びていた）に対して A lot of it is still there!（多くの部分がまだ残されている）と答えているが、全体が現存するわけではないので d) が正解。

(9) 正解：c)

ジェリーはホテル従業員に2度同じ質問をした。なぜなら、……からである。
a) 従業員にはジェリーの言っていることが通じなかったと思った
b) ジェリーは最初、従業員に聞こえたと確信できなかった
c) ジェリーは従業員の言っていることが理解できなかった
d) ジェリーは従業員を混乱させたと思った
e) ジェリーは従業員が無礼だと思った

解説

話題の最後でジェリーは宿に入り、ハドリアヌスの長城への道順を聞いている。最初は聞き取れずに I ended up just shrugging my shoulders（肩をすくめて諦めた）、次は I tried asking him again and got a similar response.（再び尋ねたが似たような反応が返ってきた）とあり、従業員の話を理解できずに再度尋ねたことが分かる。

(10) 正解：b)

最終的に、従業員は言いたかったことを、……でジェリーに伝えた。
a) 道順を書くこと
b) 身振りをすること
c) ゆっくりとしゃべること
d) いくつか物を見せること
e) 地図を手渡すこと

解説

前問からも分かる通り、ジェリーは従業員と意思疎通ができていない。しかし終盤で The clerk then made some kind of motion as if he were driving a car, and then it dawned on me（従業員は車を運転しているような動作をしたので、ついに自分は理解し始めた）とある。したがって、正解は b) だ。

▶スクリプトと訳

(B) 02 Radio host Jerry Ann

Radio host: And our next guest is Jerry Brown, who has just returned from a backpacking trip in Britain. Jerry, you were telling me you had a bit of difficulty communicating with the "natives" at times.

Jerry: Indeed I did! I mean, I had always known that American and British English were not exactly the same. I even majored in linguistics in college, so I knew all about regional differences, even within the United States. But I was still surprised at how strong and varied these differences were.

Ann (another guest): Ha! I was at a party last night and met a woman from London here on holiday. She told me she was a maternity ward nurse, so naturally the talk turned to babies. I asked her what she liked least about her job, and she said, "Oh, that's easy. It's dealing with the nappies." I looked confused, so she explained. "Oh, I just hate changing them. They're absolutely disgusting." So then, as the British say, "the penny dropped." "Oh, you mean diapers!" I said. "The things you put on babies so they don't soil their beds." She looked at me as if I were an idiot and said, "Yes. Nappies."

Jerry: I sure know that feeling of incomprehension. While in London last week, I decided to go up north to visit Hadrian's Wall.

Radio host: Oh, that's that wall that the Romans built to guard the wild northwest frontier of their empire. It used to cover the whole width of the island, right?

Jerry: Yep, that's right. A lot of it is still there! It's actually a UNESCO World Heritage Site. Anyway, I was able to make my way up to the northern town of Hexham and find myself a bed at a backpackers there. Hexham is just a short distance from the wall.

Ann: Sounds easy so far.

Jerry: Well, I went down to the front desk to ask the guy working there how I could get to the wall, and he answered with something totally incomprehensible to me. I ended up just shrugging my shoulders — a little rude, I know — and went off to my room to freshen up before dinner. On my way out, I tried asking him again and got a similar response. The clerk then made some kind of motion as if he were driving a car, and then it dawned on me …

Radio host: Ah, he was offering you a lift there, was he?

Jerry: He was indeed. The next morning, a couple of other backpackers and I headed off in his truck, or he would say "lorry," and we had such an enjoyable day! But I will never forget that frustration of trying to understand someone who was actually speaking my own language — or, at least, a version of it!

ラジオ番組司会者：さて、次のゲストはジェリー・ブラウン、イギリスのバックパック旅行から帰ってきたばかりです。ジェリー、「母語話者」とやり取りするのは、時にちょっと難しかったと言っていましたね。

ジェリー：本当にそうでした！　つまり、アメリカ英語とイギリス英語は必ずしも同じではないと常に分かってはいたのですが。大学では言語学を専攻したいくらいですし、地域差については、アメリカ国内での違いについてすら知っていました。それでもやはり、こういった差があまりに大きくて多様であることに驚きました。

アン（もう一人のゲスト）：はは！　昨夜パーティーで、休暇でこちらへ来ているロンドン出身の女性に会いました。産科病棟の看護師をしているそうで、自然と赤ちゃんの話題になりました。その仕事で一番嫌だと思うことは何か尋ねると、彼女の答えは、「ああ、その答えは簡単よ。nappies（おむつ）を扱うことなの」。私が理解できないでいると、こう説明してくれました。「あのね、あれを換えるのが大嫌いなの。とても汚れているから」と。ここでようやく、イギリス人なら言うように、the penny dropped（意味がやっと通じました）。「ああ、diapersのことね！」と。「赤ちゃんがベッドのシーツを汚さないように、身に着けるものね」と。そんな私が彼女には間抜けに見えたみたいで、「そうよ。nappiesよ」ですって。

ジェリー：理解できない気持ちはとてもよく分かります。先週ロンドンにいたとき、北上してハドリアヌスの長城を訪れようと思いました。

司会者：ああ、ローマ帝国が北西前線の未踏の地を防御するために作った壁ですね。かつては島の全幅に延びていたそうですが、本当ですか？

ジェリー：ええ、そうです。かなりの部分がまだ残っていますよ！　実はユネスコの世界遺産登録地です。それはともかく、ヘクサム北部の町へ着いて、バックパッカー宿で泊まられることになりました。ヘクサムから長城までは近いので。

アン：その時点までは順調だったようですね。

ジェリー：でも、フロントに下りて、壁への行き方を聞いたのです。何やら全然理解できない答えが返ってきました。結局、僕は肩をすくめて諦め——ちょっと失礼でしたが——夕食前にさっぱりしようと部屋に戻りました。外出するとき、もう一度尋ねようとしたのですが、似たような答えしか返ってきませんでした。そのときフロント係は車を運転しているような動作をしたので、ようやくわかり始めて……。

司会者：ああ、そこまで乗せて行ってくれると言っていたと？

ジェリー：まさにその通りでした。翌朝、ほかのバックパッカーたち2、3人も一緒に彼のtruck（トラック）に、彼はlorryと呼ぶでしょうが、乗せてもらって

出掛けました。とても楽しい一日でした！　でもね、相手は自分と同じ言葉、まあ少なくともその一種を話していたのに、理解するのに苦労したもどかしさは、決して忘れないでしょう！

(C)

[設問から得られるヒント]

設問文に the Native American flute とあるので、これがテーマであることが想像できる。

[設問ごとのリスニングポイント]

(11) 漠然とした設問だが、1問目なので答えは序盤にあると考えられる。

(12) 5つのうち1つが述べられていないのだから、英文の中に出てきた選択肢を削っていこう。残ったものが正解だ。

(13) 設問からいくつか具体例が挙げられていると推測できるので、そこに注意して英文を聞こう。

(14) the Native American flute の特徴そのものを理解するため、普通の笛との比較だけでなく、unique や feature といった語にも注意しておこう。

(15) 正しくない選択肢を選ぶのだから、講義の内容と合致するものを削っていこう。

(11) 正解：c)

話者によると、アメリカ先住民の笛について事実なのは、……ということである。

a) 近代的な楽器である

b) ほかの楽器とは合わない

c) ほかの楽器なしで使われることもある

d) 常にほかの楽器と一緒に演奏される

e) かつて消滅したと思われていた

解説

最初の段落に It can be played solo or with other instruments（これは単独でも、ほかの楽器と一緒でも演奏できます）とあるので、c) が正解。「常に」ほかの楽器と演奏されるとは言われていないので d) は不正解。

(12) 正解：d)

話者は、アメリカ先住民による笛の使用例をいくつか挙げている。言及しなかったのは……である。

a) 結婚の申し込み

b) 儀式

c) 治療

d) 余興

e) 瞑想

解説

第2段落に楽器がどのように使われていたかの説明がある。a) は proposal（求婚）の、b) は ritual（儀式）の、c) は healing（治療）の言い換えとなっている。d) については述べられていないので、これが正解だ。

（13）正解：e)

話者によると、アメリカ先住民の笛には伝統的に2種類あった。そのうちの1つは
a) ガラガラ。
b) パウワウ。
c) トウ。
d) 丸太。
e) 森林部族の笛。

|解説|

第3段落で、笛の素材についての説明に続けて there were two kinds of flutes, the Plains and the Woodland flute（平原部族と森林部族の2種類の笛がありました）とある。選択肢でこれに当てはまるのは e) だ。b) は太鼓の種類、c) と d) は楽器の素材なので不適切。

（14）正解：b)

話者によると、アメリカ先住民の笛は通常の笛とは異なっている。なぜならば
a) 5、6個多く穴があるから。
b) 内部に壁があるから。
c) ポピュラー音楽に合うから。
d) 空洞がより少ないから。
e) 全部で3室の空洞があるから。

|解説|

笛の構造上の違いが述べられるのは第4段落である。with a wall separating the top and bottom chambers（仕切りで上の空洞と下の空洞が分かれた）とあるので b) が正しい。e) は本文の they are the only two-chambered flutes in the world との引っ掛け。この笛だけが2つの空洞を持っているという内容なので不正解。

（15）正解：b)

この講義によると、アメリカ先住民の笛について正しくないのは次のうちどれか。
a) イギリス女王がその演奏者の1人に賞を与えた。
b) その共鳴はほかの笛と類似である。
c) 下の空洞部に指穴がある。
d) その音色は異なる時代へいざなってくれる。
e) 世界で唯一の二室型の笛である。

|解説|

第4段落で because there is a hole in that wall, the top chamber can resonate. That makes the music produced with Native American flutes very different（仕切りには穴が開いているため、上の空洞部も共鳴します。それがアメリカ先住民の笛で生み出される音楽を、非常に特異なものにしています）と、独特な構造が生み出す特異な音色について説明している。ほかの笛と異なる特徴なので、b) が正解。

▶スクリプトと訳

① Now, why don't you all gather a little closer around the campfire so you can hear me play better? And be sure your cellphones are off. That modern toy doesn't harmonize well with any musical instrument that I know of, especially the Native American flute, which I'm going to ask you to listen to closely. It can be played solo or with other instruments, but you have to listen to it with your imagination, without interruption.

② Now, before I start, let me tell you that, besides rattles and drums, this instrument that I'm holding in my hands was one of the most important musical instruments used by my Native American ancestors. Young men and women used it for proposals, and shamans and others used it for healing, meditation and spiritual rituals. There are different stories about how Native Americans discovered this instrument. The one I like is about a woodpecker that made so many holes in a tree that when the wind blew, the tree made music. Native Americans used this idea to make their first flutes. Anyway, many think that the original design came from our native cousins to the south and spread to other native people to the north and then beyond.

③ What is it made from? Well, just as traditional Native American drums are made from a variety of materials, ranging from wooden logs for large powwow drums to gourds for smaller drums, traditional Native American flutes are made from wood, cane or bamboo. Modern ones are now even made from plastic, which is a sign of the dynamic nature of Native American cultures! Another sign is that whereas traditionally there were two kinds of flutes, the Plains and the Woodland flute, nowadays we also have two flutes put together, allowing one flute to be played in harmony with the other.

④ Now, you may not have known this, but Native American flutes are unique because they are the only two-chambered flutes in the world, with a wall separating the top and bottom chambers. The usual five or six finger holes and whistle are in the bottom chamber. However, because there is a hole in that wall, the top chamber can resonate. That makes the music produced with Native American flutes very different, as many people have come to appreciate. In the modern world, our flute has become so popular and so important to music lovers that Native Americans and other people have won awards and general recognition for it, like Robert "Tree" Cody, who even received a medal from the queen of England for his flute music, and, my favorite, Mary Youngblood, who won a Grammy Award.

⑤ Now, listen carefully and let your imaginations soar with me. I am going to play this flute and take you back with me to a time when there were no modern gadgets like those in your pockets and bags, and when people just sat around campfires and talked to each other about their daily lives, and listened to the sound of the wind blowing through the trees and flutes playing in the night. I'm going to take you back to the time of my ancestors. Are you ready?

①さて、私の演奏がよく聞こえるように、皆さんもう少しキャンプファイアーの近くに寄ってはいかがですか。それから、携帯電話の電源は必ず切ってください。あの現代的なおもちゃのような機器は私の知っているどの楽器とも調和しません。これから皆さんによく聞いていただくようお願いするアメリカ先住民の笛は特にそうです。これは単独でも、ほかの楽器と一緒でも演奏されますが、皆さんは想像力を使って、邪魔を入れずに聞かなくてはいけません。

②さて、始める前に申し上げておきますと、ガラガラや太鼓に加えて、私が手にしているこの楽器は、私のアメリカ先住民族の祖先が使っていた最も重要な楽器の1つでした。若い男女はこれを求婚に使い、まじない師などは癒やしや瞑想、霊的儀式に使いました。アメリカ先住民がこの楽器をどのように発見したかを伝える話はいろいろとあります。私のお気に入りは、キツツキが木にたくさんの穴を開けたため、風が吹いたら木が音楽を生み出したというものです。アメリカ先住民がそのアイデアを使って最初の笛を作りました。ともかく、元々のデザインは私たちの血縁である先住民から南方へ伝わり、北方の先住民たちへ、さらにそこから遠方まで広がったと、多くの人が考えています。

③これは何でできているでしょうか? そう、ちょうど伝統的なアメリカ先住民の太鼓が、大きなパウワウ・ドラムの丸太から、小さな太鼓のひょうたんまで、さまざまな素材からできているのと同じように、伝統的なアメリカ先住民の笛は、木やトウや竹から作られます。近代的なものには今やプラスチック製さえあり、このことはアメリカ先住民文化の活発な特性の表れです! もう1つの表れとして、伝統的に平原部族と森林部族の2種類の笛があるのですが、現在では2つの笛を一緒にし、一方の笛ともう一方を合奏させることもあります。

④さて、ご存じないかもしれませんが、アメリカ先住民の笛は世界でも唯一、仕切りで上の空洞と下の空洞が分かれた二室型の笛であることが特徴です。通常5個か6個ある指穴とホイッスルは下の空洞部にあります。しかし、その仕切りには穴が開いていますので、上の空洞部も共鳴します。それがアメリカ先住民の笛で生み出される音楽を、多くの人々が高く評価するに至っているように、非常に特異なものにしています。現代世界では、私たちの笛は音楽愛好家にとって非常に人気が高く重要なものになり、その笛の音楽でイギリス女王から勲章まで授与されたロバート・“ツリー”・コーディや、グラミー賞を取った私の大好

きなメアリー・ヤングブラッドのように、アメリカ先住民やその他の人々が賞を取ったり、一般の認知を勝ち取ったりしています。

⑤では、じっと耳を澄まして、私と一緒に皆さんの想像力を高く羽ばたかせてください。私はこの笛を奏でて、皆さんを、皆さんのポケットやバッグの中にあるような現代的な機器のなかった時代、人々が夜の間、ただキャンプファイアーの周りに座って互いに日常生活の話をしたり、木々の間を吹き抜ける風の音や、笛の音に耳を傾けたりしていた時代へとお連れします。私の祖先の時代へと皆さんをお連れします。準備はよろしいですか。

 Comment from Kimutatsu

いよいよスタートしました。『新 キムタツの東大英語リスニング』に比べて速くなったので、最初は耳がついていかないかもしれないけど、何度も音読することによって克服できるよ。復習と反復を合言葉にして、最後まで粘り強くやり抜こう。この本をやり終えたら、相当なレベルのリスニング力がついているはず。その自分をイメージしながら頑張ろう！

Welcome to
Kimutatsu's
Cafe ①

コラム「Kimutatsu's Cafe」では、
キムタツ先生のお知り合いの先生方に話を伺います。

リスニング対策から 学びのサイクルを

米田謙三先生（YONEDA, Kenzo）関西学院千里国際中等部・高等部 教諭

ポイント①：複数の情報を整理し、組み合わせて判断する力を付ける！

　2022年度からスタートする新学習指導要領に関わらせていただき、特にこの点が重要だと思うようになりました。ここ数年の大学入試のリスニングでは、資料や問題文を素早く読み、情報を整理する力に加え、図表などを正しく読み取り、聴き取った情報と重ね合わせて判断する力が、これまで以上に求められるようになっています。普段から英語の授業だけでなくいろいろな教科で学習する内容に興味を持ち、ニュースなどにもどんどん触れましょう。

ポイント②：多様な英語の音声に慣れておく！

　リスニング問題には、英語を母語としない話者も登場することがあるので、多様な音声に触れておく必要があります。でもそのためには、そもそも英語の音声に慣れておかなくてはなりません。日頃から英語特有の音（「消える音」や「変化する音」など）を意識的に聞くようにすることが大事です。

　現実的には、小中高の間にリアルな英語に直接触れる体験ができる機会があまりない人の方が多いと思います。そこで、皆さんには、CNNやBBCのようなニュースの音声を活用して、多様なテーマや多様な話者の英語に触れる機会をつくることをお勧めします。また、キムタツ先生のリスニング教材も最大限に活用してください！

ポイント③：語彙力と文法力も大事！

　聞いた後、スクリプトを確認し、理解できない表現や文法を調べて、習得していくことが大切です。また、単語を学習するときには、できるだけ「音声」と併せて覚えましょう。また、単語を口に出して発音するクセもつけておきましょう。

最後にもうひとつポイントを！

　今の高校生たちに一番持ってほしいのは、「学びに対するワクワク感」です。私が委員を務めている経済産業省の「未来の教室」という取り組みでは、「教科学習や総合的な学習／探究の時間、特別活動も含めたカリキュラム・マネジメントを通じ、一人ひとりのワクワクする感覚を呼び覚まし、文理を問わず教科知識や専門知識を習得する（＝「知る」）こと」、そして「探究・プロジェクト型学習（PBL）の中で知識に横串を刺し、創造的・論理的に思考し、未知の課題やその解決策を見いだす（＝「創る」）過程が循環する学びを実現すること」をテーマに掲げています。

　皆さんには、ワクワク感を起点に、「知る」と「創る」のサイクルを回していってほしいと思っています。

Trial Test **2**

最初の **Trial Test** はどうだったでしょうか？　今回も同じくらいのスピードです。「このスピードは肩慣らし程度」と言えるようになるまで、繰り返し聞き込みましょう。

🎧 04

(A)

これから放送するのはサッカーに関する友人たちの会話である。これを聞き、(1) 〜 (5) の問いに対して、それぞれ最も適切な答えを一つ選べ。

(1) **Richard thinks what is spoiling the England national team the most is**

　　a) its poor manager.
　　b) the team's experience.
　　c) the players' stamina.
　　d) financial greed.
　　e) the players' poor performance.

(2) **Thomas thinks having foreign players in an England league is not a problem for the national team because**

　　a) the English players already have the Premier League.
　　b) they still have a lot of English players at a high level.
　　c) it's enough if they have 11 players.
　　d) those foreign players will play for the national team.
　　e) only 200 players can train with the best players.

(3) **Why does Richard think the players have lost their passion?**

　　a) They have no loyalty to England.
　　b) They are not as strong as the foreign players.
　　c) They feel they are already at the top.
　　d) They want to play for other teams.
　　e) Their wages are so high that they no longer care about winning.

(4) **Richard agrees with Thomas that**

a) victory will make everyone forget their concerns.
b) professional players are always thinking of money.
c) the England team is qualified for the tournament.
d) when playing sports, you concentrate only on winning.
e) old club owners dreamed of becoming celebrities.

(5) **Near the end of the conversation, Thomas confesses that**

a) all owners are businesspeople.
b) some owners might only be thinking about making money.
c) soccer is losing something to generate more money.
d) he wants to be a soccer player to become rich.
e) he once thought of buying a fast car.

🎧 05

(B)

これから放送するのは、(A) に関連する話題を取り上げたラジオ番組である。(6) ～
(10) の問いに対して、それぞれ最も適切な答えを一つ選べ。

(6) **According to the conversation, the earliest soccer club team was established**

a) in the middle of the 19th century.
b) in 1872.
c) around 1650.
d) more than 200 years ago.
e) shortly after the first public school was established.

(7) One statement which is NOT mentioned as part of the history of soccer is that

a) it was sometimes made illegal.
b) it could be devastating physically.
c) the modern game was invented in Asia.
d) there was no limitation in the number of players.
e) there were various local rules.

(8) According to the conversation, in the 19th century, people needed to standardize the rules because

a) educational organizations suggested them.
b) local newspapers began reporting matches.
c) teams from different areas could now easily compete.
d) an official association had been established.
e) professional players required the rules.

(9) According to Nick, soccer fans

a) believe owners only care about money.
b) think owners share the same goals as fans.
c) want owners to consider what fans think.
d) do not really care what owners' intentions are.
e) want owners to invite clubs to their towns.

(10) Nick thinks that, after the monetary bubble bursts, soccer will

a) change its method of attracting fans.
b) start looking for new venues.
c) have a limited number of fans.
d) appeal to governments for financial support.
e) still be fun for people.

🎧 06

(C)

これから放送するのは、ある本に関する話である。これを聞き、(11) 〜 (15) の問い
に対して、それぞれ最も適切な答えを一つ選べ。

(11) According to the speaker, the truth about *Uncle Tom's Cabin* is that

a) it drew attention after the American Civil War.
b) it was published in the middle of the 1800s.
c) it sold more copies than the Bible in the 18th century.
d) only 300 copies were printed when it came out.
e) it was criticized right after the American Civil War started.

(12) The characters who escaped from the slave owner in Kentucky were

a) Harry and his mother.
b) Uncle Tom and his wife.
c) Eliza and her owner.
d) Uncle Tom and Harry.
e) Harriet Beecher Stowe and Harry.

(13) When does Eva's father promise to free Tom?

a) Right after taking Tom to New Orleans.
b) After Tom saves the girl's life.
c) Before he is killed in a gunfight.
d) Just before selling Tom on.
e) Not long after his daughter dies.

(14) The event that triggered Legree's hatred of Tom was when

a) Tom tried to run away.
b) Tom didn't save his daughter.
c) Tom disobeyed him.
d) Tom hit him with a whip.
e) Tom became too sick to work.

(15) The speaker gives us several reasons why the book has been criticized. One reason NOT mentioned is that

a) it inaccurately describes conditions in the country before the war.
b) Black people are incorrectly characterized.
c) it made people eager to fight the war.
d) it presents some misconceptions about Southern life.
e) it portrays Tom as too passive.

解き終わったら、次ページからの
解答と解説をチェック！

Trial Test 2
▶解答と解説

(A)

[設問から得られるヒント]
指示文から話題はサッカーだと分かる。また、設問から話者の名前と、イングランド代表チームの問題点に関して意見が交わされることが予想できる。

[設問ごとのリスニングポイント]
(1) ほかの設問を見るに、RichardとThomasの会話と考えられる。どちらも男性なので、まずはどちらの声がリチャードなのかに注意しよう。
(2) 前問に続きイングランド代表の話。全体のつながりも意識するとよいだろう。
(3) リチャードが何を問題視しているのか、またその原因についてどんな意見を持っているのかに注意して聞いてみよう。
(4) 「賛成」を意味する語や、同意を表す発言を待ち構えて聞くとよいだろう。
(5) 設問に「この会話の最後近く」というヒントが入っているのだから、それを利用しない手はないだろう。

(1) 正解：d)

リチャードは、イングランド代表チームを一番だめにしているのは……だと考えている。
a) 下手な監督
b) チームの経験
c) 選手のスタミナ
d) 経済的などん欲さ
e) 選手たちの技術のなさ

解説

チームの不調の原因は監督にあると言っているのはトーマス。それに対して、リチャードは監督ではなく、I think it all comes down to the greed and money（僕が思うに、すべて欲と金に帰着するんじゃないかな）と返している。よって、正解はd)である。

(2) 正解：b)

トーマスはイングランドのリーグに外国人選手がいることは、代表チームにとって問題ではないと考えている。なぜなら、……からである。
a) イングランド出身の選手たちにはすでにプレミア・リーグがある
b) 高いレベルのイングランド出身選手がまだ多くいる
c) 11人の選手がいれば十分だ
d) そういった外国人選手たちは代表チームでプレーするだろう
e) 最高レベルの選手たちと一緒に練習できる選手は200人しかいない

解説

リチャードは4番目の発言で、イングランドでプレーする外国人選手が地元選手の出場機会を減らし

ていると述べている。対してトーマスはAll the English players do play at the highest level
（イングランド出身の選手は皆、最高水準でプレーしている）と反論した。つまり、b)が正解とな
る。

(3) 正解：e)

リチャードはなぜ選手たちが熱意を失ってしまったと考えているのか。
a）彼らはイングランドに対しての忠誠心がない。
b）彼らは外国人選手たちほど強くない。
c）彼らは自分たちがすでにトップレベルだと感じている。
d）彼らはほかのチームのためにプレーしたいと思っている。
e）彼らはあまりに高い報酬を得ているため、勝とうという気持ちがもはやない。

【解説】
会話の中盤でリチャードが the most successful players are now getting paid such
ridiculously high wages that they don't care anymore. They're not passionate
enough about the game.（最も成功しているプレーヤーたちは、今、途方もなく高額な報酬を
得ているために、もはや気にも留めなくなっている。彼らは試合に対して十分な熱意を持っていな
い）と述べている。この状況を言い換えたe)が正解。

(4) 正解：d)

リチャードは……ということでトーマスに賛成している。
a）勝利はすべての人に悩み事を忘れさせるだろう
b）プロ選手たちは常にお金のことを考えている
c）イングランド代表はトーナメントに出場する資格が与えられている
d）スポーツをしているときは、勝つことだけに集中する
e）昔のクラブオーナーは有名人になることを夢見た

【解説】
リチャードは後半の自分の発言でI agree.と言っている。何について賛成しているかというと、直
前でトーマスが言った once they go onto the field, all they're thinking about is winning
the game（ひとたび彼らがフィールドに出れば、考えるのは試合に勝つことだけ）、while you're
playing, you forget about everything else.（プレーしている間は、ほかのすべてのことを忘
れてしまう）である。したがって、d)が正解だと分かる。言及されているのは、「プレーすること」で
あって「勝つこと」ではないので、a)は不適切。

(5) 正解：b)

この会話の最後近くで、トーマスは……ということを認めている。

a) すべてのオーナーがビジネスマンである
b) 一部のオーナーは、金もうけだけを考えているかもしれない
c) サッカーはお金を稼ぐために何かを失いつつある
d) 彼は金持ちになるために、サッカー選手になりたい
e) 彼はかつてスピードの出る車を買おうと考えた

解説

トーマスが「認めた」からといって、彼の発言だけを聞いていればよいわけではない。Maybe that's how some of the owners look at it（もしかしたら一部のオーナーたちは、これ［サッカー］をそう見ているかもしれない）という言葉が該当するが、これはリチャードの発言を受けてのもの。その内容は、To the new owners, it's just a business. Businesspeople only want one thing: profit（新しいオーナーたちにとっては商売にすぎない。商売人が求めるものはただ1つ、利益さ）なので、正解は b) である。

▶スクリプトと訳

(A) 🎧 04 Richard Thomas

Richard: Thomas, what do you think about the England national team not qualifying for the European Championship finals?

Thomas: I'm not really that surprised, to be honest. The head coach wasn't the right man for the job. He didn't have enough managerial experience, and the teams he did manage at the club level were only mediocre at best.

Richard: I admit he wouldn't have been my first choice, but I think the problem is bigger than just one person.

Thomas: What do you mean, Richard?

Richard: I think it all comes down to the greed and money that's ruining the game.

Thomas: How are those things relevant?

Richard: Well, with all the foreign players coming to England, it means the homegrown players aren't getting a chance to play at the highest level.

Thomas: All the English players do play at the highest level — they all play for top teams in the Premier League.

Richard: Yeah, but now there are far fewer players at that level for the national coach to choose from.

Thomas: Well, it doesn't matter if there are 200 or 500 to choose from at that level. He can still only play 11 of them. And another thing is that the ones who are at that level are training with the best players in the world, week in week out. You can't deny that that will help them improve their own skills.

Richard: The trouble is, the most successful players are now getting paid such ridiculously high wages that they don't care anymore. They're not passionate enough about the game. If England doesn't qualify for a major tournament, it doesn't affect them. Their clubs pay their wages, and they don't care about the national team.

Thomas: That's not true. If they stopped caring, they'd be kicked off the team. And, anyway, once they go onto the field, all they're thinking about is winning the game — money is irrelevant. You know what it's like to be involved in sports — while you're playing, you forget about everything else. That's one of its great attractions. From the moment the whistle blows, all your other concerns disappear. That's why sports have always been so popular.

Richard: I agree. When I was young, I was fiercely competitive when it came to football. Even if we were just playing with a tennis ball during the lunch break, I couldn't bear to be on the losing side. But it's different for these professionals with their agents, and their image rights and fame, and all the other trappings that are part and parcel of being a top footballer.

Thomas: I don't think so. Those things aren't what gave them the determination to make it to the top in the first place. My dream was always to be a professional footballer — but not so that I could become a celebrity and own a fast car. I just loved playing football.

Richard: So don't you think the game is losing something now that all the top clubs are being bought by rich foreigners?

Thomas: Not necessarily. Like what?

Richard: The heart is going out of the game. To the new owners, it's just a business. Businesspeople only want one thing: profit.

Thomas: Maybe that's how some of the owners look at it, but not all of them. Some of them are so rich that the amount of money involved means nothing to them. They don't buy a club in order to generate more money.

Richard: Yeah, but—

Thomas: Hang on a minute, let's talk about it later. Chelsea-Aston Villa is about to kick off. I'll turn the TV on.

リチャード：トーマス、イングランド代表チームに欧州選手権本大会の出場権がないことについて、君はどう思う？

トーマス：正直に言うと、そんなに驚いてはいないよ。監督は、この仕事に適した人物ではなかった。彼は十分な監督経験を持っていなかったし、クラブレベルで実際に彼が監督したチームは、よくても二流でしかなかったからね。

リチャード：僕にとっても彼が第1候補でなかったことは認めるけど、問題は、単に1人の人間よりも大きいと思うな。

トーマス：どういう意味だい、リチャード？

リチャード：僕が思うに、試合を台無しにしているものは、すべて欲と金に帰着するんじゃないかな。

トーマス：それらにどんな関係があるんだい？

リチャード：うん、イングランドに来ている外国人選手たちがいるということは、地元の選手たちが最高水準でプレーする機会を得ていないということを物語っている。

トーマス：イングランド出身の選手は皆、最高水準でプレーしているじゃないか―彼らは皆、プレミア・リーグの一流チームでプレーしているよ。

リチャード：うん、でも、今では代表監督が選ぶには、そのレベルの選手はずっと少なくなっているんだ。

トーマス：うーん、そのレベルで選べるのが200人か500人かは、問題にならないよ。彼は、その中からたったの11人しか試合に出せないんだから。それから、もう1つには、そのレベルにいる人たちは、毎週毎週、世界の一流選手たちと練習しているんだ。それが彼ら自身の技術を向上させるのに役立つであろうことは否定できないよ。

リチャード：問題は、最も成功しているプレーヤーたちは、今、途方もなく高額な報酬を得ているために、もはや気にも留めなくなっているということだ。彼らは試合に対して十分な熱意を持っていない。イングランドに主要な大会への出場権がなくても、彼らには影響がないのさ。クラブから報酬を支払ってもらえるから、彼らは代表チームのことなんか気に留めないんだよ。

トーマス：それは違うよ。もし彼らが気に留めなくなったら、彼らはチームから追い出されるだろう。それに、どちらにしろ、ひとたび彼らがフィールドに出れば、考えるのは試合に勝つことだけさ―金は関係ない。スポーツに参加するということがどういうことか、君も知っているだろう―プレーしている間は、ほかのすべてのことを忘れてしまう。それが、（スポーツの）素晴らしい魅力の1つだ。笛が鳴った瞬間から、ほかのすべての関心事は消えてしまう。それが、スポーツが常にこれほど人気がある理由だよ。

リチャード：僕も賛成だ。僕が若かったころ、サッカーのこととなるとすごく負けず嫌いだったからね。たとえ、昼休みにテニスボールを使ってプレーしていただけだったとしても、負ける側になるのは耐えられなかった。でも、エージェントや肖像権、名声、ほかにも一流のサッカー選手ならではの虚栄を手にしたプロたちにとっては違うよ。

トーマス：そうは思わないな。一流（選手）として成功するぞ、という決意をそもそも彼らに与えたのは、そういった事柄じゃないよ。僕はいつも、プロのサッカー選手になりたいと夢見てきたけれど、有名人になったり、スーパーカーを買ったりできるからじゃない。ただ、サッカーをすることが大好きだったんだ。

リチャード：つまり君は、すべての一流クラブが裕福な外国人に買収されている今、このスポーツが何かを失いつつあるとは思わないのかい？

トーマス：必ずしもそうとは思わないな。例えば何を（失いつつあるの）？

リチャード：このスポーツからは、ハートがなくなりかけている。新しいオーナーたちにとっては、単なる商売でしかないんだ。商売人が求めるものはただ1つ。利益さ。

トーマス：もしかしたら一部のオーナーたちは、これ（サッカー）をそう見ているかもしれないけれど、全員じゃないよ。彼らの一部はとても裕福で、彼らにとっては、（サッカーに）かかわる金額など何の意味もないのさ。彼らは、より多くのお金を生み出すためにチームを買っているんじゃないよ。

リチャード：うん、でも——。

トーマス：ちょっと待って、それについては後で話そう。チェルシー対アストン・ヴィラ戦がもうすぐキックオフだ。テレビをつけよう。

(B)

[設問から得られるヒント]
指示文と設問から、内容にサッカーの歴史が含まれるということが分かる。
[設問ごとのリスニングポイント]
(6) the earliest soccer club（最初のサッカーチーム）という言葉と、その近辺の数字を意識しておこう。
(7) このタイプの問題では、聞こえたものを削っていくように。また、前問と内容が近そうなことにも注目。
(8) standardize や rules、あるいはそのパラフレーズに集中しよう。これも前問と内容的な類似がありそうだ。
(9) 歴史について問われていた前の問題までとは方向性が違うので、英文の方も何かしらの展開があった後に該当する個所が来ると推測できる。fans、owners に類する語をポイントにしよう。
(10)「サッカーがどうなるか」はいかにもまとめらしい。終盤に該当個所があると見当を付けよう。

(6) 正解：a)

会話によると、最初のサッカーのクラブチームが設立されたのは
a) 19世紀の中ごろ。
b) 1872年。
c) 1650年ごろ。
d) 200年以上前。
e) 最初のパブリックスクールが設立されたすぐ後。

解説

第4段落に the oldest club team is Sheffield F.C., which was established in 1857（最古のクラブチームはシェフィールドFCで、1857年に設立された）とある。よって、正解は a)。

(7) 正解：c)

サッカーの歴史の一部として述べられていないことは
a) しばしば違法だった。
b) 身体的に打撃を与えるものだった。
c) 近代的な競技はアジアで考案された。
d) 選手の数に制限はなかった。
e) 地域ごとにさまざまなルールがあった。

解説

第4段落後半に the modern game was established in England（近代的な競技はイギリスで確立された）とあり、c) が事実でないことが分かる。よって、これが正解。直前で China とあるが、これは modern game の起源ではないので誤り。

（8）正解：c)

会話によると、19世紀に人々はルールを統一する必要があった。なぜなら、……からである。
a) 教育機関が提案した
b) 地元紙が試合を報道し始めた
c) 異なる地域出身のチームが、簡単に対戦できるようになった
d) 公式組織が設立された
e) プロ選手たちがルールを必要とした

解説
第6段落でルールの統一に触れられている。Standardization was necessary because of the increasing number of matches between teams from different areas（統一が必要となったのは、異なる地域から来たチームどうしの試合が増えたためでした）とあるので、c)が正解。

（9）正解：d)

ニックによると、サッカーのファンは
a) オーナーたちはお金のことだけを考えていると信じている。
b) オーナーたちはファンと目標を共有していると考えている。
c) オーナーたちにファンの考えていることを気にしてほしい。
d) オーナーたちの意図が何であるかはあまり気にしていない。
e) オーナーたちが地元の町にクラブを誘致するよう望んでいる。

解説
ファンとオーナーの関係があるのは第9段落後半。キーフレーズは A moot point for the clubs' grassroots supporters（クラブの草の根的サポーターにとっては、重要ではない）である。moot には「議論の余地がある」という意味もあるが、ここでは「現実的には意味がない、実際は関係ない」という意味で使われているので、正解は d)である。

（10）正解：e)

ニックの考えによると、マネーバブルが弾けた後、サッカーは……だろう。
a) ファンを引き付ける方法を変える
b) 新しい会場を探し始める
c) ファンの数が限られる
d) 政府に財政的な支援を要求する
e) 人々にとって楽しいままである

解説
ニックの最後の発言に should this monetary bubble burst, it will not change the basic appeal of the game.（このマネーバブルが弾けても、この競技の根本的な魅力は変わらないでしょう）とあり、e)が正解。if の省略による倒置の構文に注意。

▶スクリプトと訳

(B)   Radio show host 1 Radio show host 2 Nick

Radio show host 1: ①Good afternoon, and welcome to "Sports History." Today, let's talk about football. No, not American football, but soccer — a sport that's played and enjoyed the world over. It's often fittingly called the world game.

Radio show host 2: ②Millions upon millions of adults from every corner of the earth can identify with this sport because so many of them played it when they were young. Our guest sports journalist, Nick Johnson, was obviously one of those players. Weren't you, Nick?

Nick: ③Yes, not professionally, of course, but I played it a lot as a kid. You know, in the park or crowded school playground, or suburban street, or sunny beach, or dusty field, or glass-strewn parking lot. All you need is a ball and a little open space.

Host 1: ④So, when and where did it all begin? I've read the oldest club team is Sheffield F.C., which was established in 1857 in the English city of that name, but the history of the game goes even further back, doesn't it? Historians have found references to games played with a ball and square goal in the records of various countries dating back to a couple of thousand years ago in China, but the modern game was established in England, so it is this history which interests us when tracing the professional game's roots.

Nick: ⑤Historical records show us that football was a notoriously violent and disruptive pastime in medieval Britain. Therefore, it is understandable that a number of monarchs issued decrees banning the game. Despite this, it continued to be played, mainly by ordinary folk, in towns and villages by any number of players using all sorts of local rules. These local rule variations continued until the mid-19th century when a number of institutions, most notably public schools, tried to standardize them.

Host 2: ⑥Standardization was necessary because of the increasing number of matches between teams from different areas, wasn't it?

Nick: ⑦Yes, due to the expanding rail network, it was now possible for players from different areas to gather. Eventually the game's governing body, the Football Association, set an agreed standard and established the world's oldest football championship competition, the FA Cup, which was first played in 1872.

Host 1: ⑧Now, almost a century and a half later, football is no longer just an amateur sport, the game long ago started employing professionals. This change was significant, wasn't it? It meant that for some, football wasn't just a sport but also a business. Nowadays, at the top end of this business are several elite European clubs, which attract the best players from around the globe.

Nick: ⑨Well, over the past couple of decades or so, the English Premier League has typified this change, seeing the influx growing as vast sums of money have been invested by businesspeople in top players, top coaches, and new stadiums. These rich foreign businesspeople have bought successful clubs with the aim of making them even more successful. A moot point for the clubs' grassroots supporters is whether the owners want success because it brings a financial return on their investments, or whether they simply want the glory that goes with being a part of, or owning, a winning team.

Host 1: ⑩Yes, that's generally true. And now it's hard to imagine where football might be heading. Surely, it's not possible for the amounts of money involved to go on increasing.

Host 2: ⑪I suppose the Premier League's global expansion has been made possible by television. What would you say about that, Nick?

Nick: ⑫The league says that 2.9 billion people watched its matches in the last season, with an estimated weekly audience of 586 million homes in 203 territories. But even this huge audience is finite. Nevertheless, should this monetary bubble burst, it will not change the basic appeal of the game. And it will still be played and enjoyed by millions of the world's children. As I said, all they need is a ball and a bit of open space.

ラジオ番組司会者1：①こんにちは。「スポーツの歴史」へようこそ。今日はフットボールについて話しましょう。いや、アメリカン・フットボールではなく、サッカーです。世界中でプレーされ、親しまれているスポーツですね。それにふさわしく、ワールド・ゲームとよく呼ばれます。

ラジオ番組司会者2：②世界各地の何百万という大人たちが、このスポーツに親近感を持つはずです。というのも、若いころにプレーした人がたくさんいるからです。今回のゲスト、スポーツ・ジャーナリストのニック・ジョンソンも、きっとそんなプレーヤーだったでしょう、ニック？

ニック：③はい、プロとしてではないですよ、もちろん。でも子ども時代にたくさんプレーしました。例えば公園で、込み合った校庭で、郊外の道路で、晴天のビーチで、ほこりっぽい原っぱで、あるいはガラスの飛び散った駐車場で。ボール1個と少しの空間があればできますから。

司会者1：④さて、これはいつどこで始まったのでしょうか？　私が読んだところでは、最古のクラブチームはシェフィールドFC。1857年に、イギリスの同名の都市で設立されました。しかし、競技の歴史ははるか前にさかのぼりますよね？　歴史家たちが見つけた参考文献では、ボールと四角いゴールを使った競技がさまざまな国の記録に残っており、数千年前の中国までさかのぼるとか。しかし、近代的な競技はイギリスで確立されましたから、プロ競技のルーツをたどるときにはこの歴史に関心が向きます。

ニック：⑤歴史の記録では、中世イギリスで、フットボールというと悪名高く暴力的、破壊的な娯楽だったと示されています。そのため、数々の君主がこの競技を禁止する法令を出したというのも理解できます。にもかかわらず、フットボールは主に庶民が町や村で、プレーヤーの数はさまざま、ローカル・ルールもさまざまでプレーし続けました。19世紀半ばに多数の公共団体が、そのうち最も知られるのは寄宿学校ですが、ローカル・ルールを統一しようと試みますが、それまでばらばらの状態が続きました。

司会者2：⑥統一が必要になったのは、異なる地域から来たチームどうしで試合することが増えたからですよね？

ニック：⑦ええ、鉄道網が拡大し、いろんな地域からプレーヤーたちが集まることができるようになりました。やがて、この競技を統率するフットボール協会が、合意による基準を定めて、世界最古のフットボール選手権大会、FAカップを創設し、それが1872年に初めて開催されたのです。

司会者1：⑧1世紀半近くが過ぎた今、フットボールはもはや単なるアマチュアスポーツではなくなりました。この競技では、随分前にプロ選手たちを雇い始めました。この変化は重要だったのではないですか？　というのも、一部の人々にとって、フットボールはもう単なるスポーツではなく、ビジネスになったためです。昨今、このビジネスの頂点にはヨーロッパの一流クラブがいくつかあって、世界中から最高の選手を呼び寄せています。

ニック：⑨ええ、イングランド・プレミアリーグでは過去数10年ほどにわたって、ビジネスパーソンからの巨額の投資が一流選手、一流コーチ、新スタジア

ムなどに注ぎこまれ、流入増加を経験して、この変化の象徴となりました。海外の裕福なビジネスパーソンは、成功したクラブをさらに成功させる目的で買収しました。オーナーたちが成功を望むのは、投資に対して財政的な見返りを得たいのか。あるいは単に、強いチームの一員になること、強いチームを所有することで栄光に浴したいのか。どちらなのか、クラブの草の根的サポーターにとって実際のところ関係はありません。

司会者1：⑩そうですね、概してその通りです。そして今、フットボールがどこに向かっているのか想像し難い状況です。確実なのは、際限なくお金を注ぎ込むことはできないということです。

司会者2：⑪プレミアリーグが世界的に広まった理由として、テレビの効果があるのでは。どう考えますか、ニック？

ニック：⑫リーグの情報によると、昨シーズンに29億人が試合を観戦し、週あたりの推定視聴者数は203地域で5億8600万世帯です。視聴者がこれほど大勢いても、限界はあります。とはいえ、このマネーバブルが弾けても、この競技の根本的な魅力が変わるわけではないでしょう。世界中の数百万の子どもたちが楽しくプレーしていくでしょう。申し上げたように、ボール1つと少しの空間さえあればできますから。

(C)

[設問から得られるヒント]
指示文と設問から *Uncle Tom's Cabin*（『アンクル・トムの小屋』）という本に関する話だと分かる。
[設問ごとのリスニングポイント]
(11) 選択肢の内容から、本が出版された時期やそのときの評価について述べられる辺りに答えがあると考えられる。
(12) どれが正解にせよ、逃げたのは2人と推測できるので、そこに注意しながら人名をポイントにして聞こう。
(13) 設問からエバの父親がトムを解放すると約束したことが分かる。この3人に関連する出来事がどの順序で起こったか注意して聞こう。
(14) Legree という特徴的な名前が登場するので、それが出たら問題個所が近い。
(15) (12) ～ (14) は本の内容に関する設問だが、この問いはこの文章そのものに関する設問。話の最終盤のまとめ部分に出てくるという予想が立てられる。選択肢の中で聞こえたものから消していこう。

(11) 正解：b)

話者によると、『アンクル・トムの小屋』について事実なのは……ということである。
a) 南北戦争の後に注目を集めた
b) 1800年代の半ばに出版された
c) 18世紀には聖書よりも売れた
d) 出版されたときは300部しか刷られなかった
e) 南北戦争が始まってすぐに非難された

解説
第1段落中盤に Published in 1852（1852年に出版され）とあるので b) が正解。同段落内に、ほかの選択肢が間違っている根拠も見つけられるはずだ。

(12) 正解：a)

ケンタッキーの奴隷所有者から逃げた登場人物は……だった。
a) ハリーと彼の母親
b) アンクル・トムと彼の妻
c) イライザと彼女の所有者
d) アンクル・トムとハリー
e) ハリエット・ビーチャー・ストウとハリー

解説
第2段落中盤に注目。Harry will be taken from his mother, Eliza（ハリーが母親であるイライザの元から連れ去られる）から Eliza が誰なのかをつかむ。続く Eliza, hearing about what is to happen to her son, decides to run away with him（イライザは自分の息子に何が起ころうとしているのかを聞き、息子とともに逃げることを決意する）から、この2人を指している a) が正解と分かる。

(13) 正解：e)

エバの父親はいつトムを解放すると約束したか。
a) トムをニューオーリンズに連れていったらすぐ。
b) 少女（エバ）の命を救った後に。
c) 彼が銃撃戦で死亡する前に。
d) トムをよそへ売る前に。
e) 娘が死んでほどなくして。

解説

第3段落での出来事を時系列に注意して聞こう。A short while after Eva's death, her heartbroken father promises Tom that he will free him.（エバの死から間もなくして、打ちひしがれた父親は、トムに彼を解放することを約束する）と述べられることから、e) が正解。

(14) 正解：c)

リグリーのトムへの憎しみを引き起こした出来事は、……ときに起こった。
a) トムが逃げようとした
b) トムが彼の娘を助けなかった
c) トムが彼に従わなかった
d) トムが彼をむちでたたいた
e) トムが病んで働けなくなった

解説

Legreeが登場するのは第4段落。その中で、Legree is a violent drunk who begins to hate Tom after Tom refuses to whip another slave.（リグリーは暴力的な酔っ払いで、トムがほかの奴隷をむちでたたくのを拒否したときから、トムを憎むようになる）と紹介されている。つまり、リグリーの命令に対してのrefuse（〜を断る）をdisobeyed him（彼に従わなかった）と言い換えたc) が正解。

(15) 正解：c)

話者はその本が批判されている理由をいくつか挙げている。言及されない理由は、……ということである。
a) 戦争前の国内情勢を不適切に説明している
b) 黒人が誤って特徴付けられている
c) 人々に戦争をしたがらせた
d) 南部の生活に関する誤解を示している
e) トムをあまりに受け身的に描写している

解説

これらは最終第5段落で述べられている。批判されてきた理由として、its exaggeration（その誇張表現）、incorrect descriptions of Southern life and conditions（南部の生活や状況に関する誤った描写）、its negative stereotypes of African-American speech and behavior（アフリカ系アメリカ人の話し方や行動についての否定的な固定観念）、特にthe overly passive nature of Uncle Tom（アンクル・トムのあまりに受け身的な性格）が挙げられている。第1段落に、この作品が南北戦争の後押しとなったかのようなことが書かれているが、作品の批判の理由にはならない。

▶スクリプトと訳

(C)

① *Uncle Tom's Cabin* is a global best-selling novel of the 19th century and, after the Bible, the second best-selling book of the 1800s. It is a powerful story that helped change people's minds, or strengthen their resolve, about the evils of slavery, which in turn eventually led to the American Civil War and the emancipation of African slaves in the United States. Published in 1852, with 300,000 copies of the book sold in that first year and with translations made into every major language in subsequent years, the impact on the public was so great that when author Harriet Beecher Stowe met Abraham Lincoln just after the start of the Civil War, this famous president reportedly remarked, "So this is the little lady who made this big war." Though it must be acknowledged that the underlying conditions that led to this deadly first modern war were already in place before the publication of the book, we can be sure that the president's words were not far from the truth. To better understand this, let's take a look at this story, one that shook the country to its foundations.

② The story opens in Kentucky, where deeply indebted slave-owner Arthur Shelby decides to sell two of his slaves — middle-aged Uncle Tom and young Harry. Sadly, we learn that Tom will be separated from his wife and children and that Harry will be taken from his mother, Eliza. However, Eliza, hearing about what is to happen to her son, decides to run away with him, leaving a note of apology to her owner's wife and escaping across the Ohio River at night. Tom, on the other hand, faithful to his owner, refuses to do anything to save himself and is sold to a slave trader and taken down the Mississippi River.

③ The story continues on a boat on the Mississippi, where Tom befriends a little girl, Eva, and saves her life when she falls into the river. In gratitude, Eva's wealthy father buys Tom from the slave trader and takes him to his home in New Orleans. After two years, however, Eva falls ill and, about to die, talks about heaven. A short while after Eva's death, her heartbroken father promises Tom that he will free him. Unfortunately, before he can do this, Eva's father is killed in a knife fight and Tom is sold again.

④ Tom's new owner, Simon Legree, takes him to his plantation in rural Louisiana, where we discover that he is very different from Tom's previous, kinder owners. Legree is a violent drunk who begins to hate Tom after Tom refuses to whip another slave. Legree beats him for this refusal and decides, without success, to try to break Tom's spirit. However, Tom continues to give comfort to the other slaves. One day, two slaves escape, and Legree, blaming Tom, demands that Tom tell him where they are. Tom refuses, and Legree has him beaten to death.

⑤ It is true that *Uncle Tom's Cabin* has been criticized for its exaggeration and incorrect descriptions of Southern life and conditions in the U.S. before the tragedy of the war. It is also true that it has been criticized for its negative stereotypes of African-American speech and behavior — as in, for example, the overly passive nature of Uncle Tom. Nevertheless, despite whatever faults the novel may have, it cannot be denied that *Uncle Tom's Cabin* created an effect that few other books have ever had: It helped to drive out the curse of slavery from the land.

①『アンクル・トムの小屋』は、19世紀の世界的なベストセラー小説であり、1800年代で、聖書に次いで第2位のベストセラー書です。それは奴隷制の悪についての人々の考え方を変えた、あるいは決意を強固にすることを助けた力強い物語であり、これがやがてアメリカ南北戦争、そして合衆国におけるアフリカ系奴隷解放につながりました。1852年に出版され、最初の年に30万部を売り上げ、その後の数年間で主要なすべての言語に翻訳がなされ、世間に与えた影響はとても大きく、南北戦争開戦直後に作者のハリエット・ビーチャー・ストウがエーブラハム・リンカーンに会ったとき、この有名な大統領が「なるほど、この小さなご婦人が、この大戦争を巻き起こしたのですね」と言ったと伝えられるほどです。この破壊的な最初の近代戦争へと導いた潜在的な状況が、本の出版前から既に存在していたことは認識しておかなければなりませんが、それでも、大統領の言葉が真実からそうかけ離れていなかったことは確かです。このことをよりよく理解するために、アメリカを根底から揺るがしたこの物語を見てみることにしましょう。

②物語は、ケンタッキーで多額の借金を抱える奴隷所有者のアーサー・シェルビーが、彼の奴隷のうち2人─中年のアンクル・トムと、若いハリー─を売りに出そうと決意するところから始まります。悲しいことに、私たちは、トムが妻や子どもたちから引き離され、ハリーが母親であるイライザの元から連れ去られることを知ります。しかし、イライザは自分の息子に何が起ころうとしているかを聞き、奴隷主の妻に謝罪の書き置きを残し、夜中にオハイオ川を渡って息子と

共に逃げることを決意します。一方、主人に忠実なトムは、自身を救うために何をすることもなく、奴隷商人の元へと売られ、ミシシッピ川を下って連れられていきます。

③物語は、ミシシッピ川のボートの上で続きます。そこでトムは少女エバと仲良くなり、彼女が川に落ちた時に命を救います。エバの裕福な父親は、感謝の気持ちから、奴隷商人からトムを買い取り、ニューオーリンズにある自身の家に彼を連れていきます。しかし2年後、エバは病気になり、死の間際に天国について話します。エバの死から間もなくして、打ちひしがれた父親は、トムに彼を解放することを約束しますが、不幸にも、これを実現する前に、刃物沙汰によって殺されてしまい、トムは再び売られることになります。

④トムの新しい主人であるサイモン・リグリーは、ルイジアナ州の田舎にある農園にトムを連れていきます。ここで私たちは、彼が、これまでのもっと優しかったトムの主人たちとはまったく違うことに気付きます。リグリーは暴力的な酔っ払いで、トムがほかの奴隷をむちでたたくのを拒否したときから、トムを憎むようになります。リグリーは、拒否したトムを殴り心をくじこうとするものの、失敗に終わります。それでも、トムはほかの奴隷たちに対して慰めを与え続けます。ある日、2人の奴隷が逃げ出し、リグリーはトムを責め、彼らがどこにいるのか言うようトムに命じます。トムはこれを拒否し、リグリーは彼を殴り殺してしまいます。

⑤『アンクル・トムの小屋』が、誇張表現や、戦争の悲劇以前の合衆国南部の生活や状況に関する誤った描写について、批判されていることは事実です。また、アフリカ系アメリカ人の話し方や行動についての否定的な固定観念―例えば、アンクル・トムのあまりにも受け身的な性格―について、批判されていることも事実です。しかしながら、この小説がどんな欠点を持っていようとも、これまでほとんどの本が作り出せなかった影響を生み出したことは否定できません。この本は、この地から奴隷制という呪いを排除するのに役立ったのです。

 Comment from Kimutatsu

次からは一段階スピードアップするので、今の時点でまだ速度に自信がない人は、Trial Test 1と2を再度やり直すことをお勧めする。最後まで頑張ってもらうとしても、単に最後までこの本を終わらせることが目標じゃないねんから、着実に力を付けていけばいいよね。自信のある人はページをめくって、上のスピードに挑戦しよう！

今回からは、平均して1分あたり10語増える**170wpm**の速度で英文が流れます。スピードにまだ慣れないと感じた人は、**Test 1**や**Test 2**に戻って練習を繰り返しましょう。

🎧 07

(A)

これから放送するインタビューを聞き、(1) ～ (5) の問いに対して、それぞれ最も適切な答えを一つ選べ。

(1) **The Food and Drug Administration permitted a company to make microchips originally to be used**

　　a) to treat skin disease.
　　b) to locate criminals.
　　c) to access company information.
　　d) to carry medical information.
　　e) to research various health problems.

(2) **Possible uses of this technology suggested by Professor Walker did NOT include**

　　a) paying for items easily.
　　b) setting strict limits on entering special places.
　　c) logging in to public computers.
　　d) reducing criminal violence.
　　e) determining a carrier's blood type.

(3) **According to the interviewer, microchips are already used to trace**

　　a) livestock.
　　b) many U.S. politicians.
　　c) mobile phones.
　　d) the elderly in Mexico.
　　e) surveillance cameras.

(4) **According to the interviewer, some Scottish people have implanted chips because**

a) they want to avoid being kidnapped.
b) they want to reduce waiting time at a club.
c) they want to secure the money in their bank accounts.
d) they want to help develop a public database.
e) they want to access the medical benefits.

(5) **According to Professor Walker, the reason that some people object to this technology is that**

a) the cost to implant a chip is extremely high.
b) the benefits that it will bring are too expensive.
c) it could prohibit their access to confidential data.
d) they think the original concept needs improvement.
e) it could create restrictions on their lives.

🎧 08

(B)

これから放送するのは、(A) で触れた話題についての3人の討論である。これを聞いて、(6) ～ (10) の問いに対して、それぞれ最も適切な答えを一つ選べ。

(6) **According to the conversation, John believes**

a) kidnappers shouldn't be chipped.
b) every single person should be chipped.
c) he has little chance of becoming a kidnap victim.
d) he is ready to be chipped for his safety.
e) what a Mexican official did was a poor idea.

(7) **Susan thinks it might be acceptable to implant chips in dangerous prisoners**

a) for the rest of their lives.
b) until they complete their jail terms.
c) until society accepts their rehabilitation.
d) unless they escape from prison.
e) until the chips can be traced by GPS.

(8) **Susan indicates several problems with "chipping." One which she does NOT mention is that**

a) someone could abuse your credit cards.
b) someone could pay cash into your bank account.
c) someone could steal your private information.
d) someone could read the chips without permission.
e) someone could take on your identity.

(9) **According to Professor Walker, RFID tags**

a) are more powerful than implanted chips.
b) can be traced with GPS technology.
c) work in a wide area.
d) stand for radio frequency identification device tags.
e) can precisely locate criminals.

(10) **Susan doesn't think the chips will reduce crime because**

a) RFID is not a perfect system.
b) they show only a person's location.
c) criminals become very cautious.
d) kidnappers may remove chips.
e) they are unlikely to get normalized.

🎧 09

(C)

これから放送する講義を聞き、(11) 〜 (15) の問いに対して、それぞれ最も適切な答えを一つ選べ。

(11) **According to the speaker, the Iroquois killed a lot of beavers because**

　a) they had guns.
　b) they wanted firearms.
　c) the Dutch ordered them to.
　d) they wanted to threaten the Shawnee.
　e) they needed food to live on.

(12) **According to the speaker, the Shawnee returned to Ohio in the 1700s because**

　a) they had been experiencing some trouble.
　b) they wanted to purchase guns.
　c) they were now willing to surrender to the Iroquois.
　d) the French had burned out their residences.
　e) they had started to trade furs.

(13) **To avoid problems with Native Americans, the British in 1763**

　a) made a map of North America.
　b) ignored their agreement.
　c) separated from the French.
　d) divided up the land.
　e) purchased newer guns.

(14) **In the American Revolution, many Native Americans fought against**

    a) the French.
    b) the Shawnee.
    c) the Americans.
    d) the British.
    e) the Dutch.

(15) **What can be said about the Battle of Fallen Timbers?**

    a) It was won by the Miami Native American Nation.
    b) Little Turtle led the Native American nations.
    c) It was the first of several similar battles.
    d) The British aided the Miamis.
    e) It resulted in a dozen nations signing a treaty with the U.S.

解き終わったら、次ページからの
解答と解説をチェック！

Trial Test 3
▶解答と解説

 (A)

[設問から得られるヒント]
設問文から、microchip（マイクロチップ）やtechnology（科学技術）がポイントになることが推測できる。

[設問ごとのリスニングポイント]
(1) マイクロチップの「目的」を問われているので、aim、purposeといった類の語を待ち構えて聞こう。
(2) ポイントになるのは、設問とは逆に「提示したこと」だ。聞こえたものから消していこう。
(3) trace（〜を追跡する）をポイントにして、選択肢の語を意識して聞く。ただし、パラフレーズもあり得るので、意味を意識するように。
(4) Scottish（スコットランド人）という特徴のある単語にアンテナを巡らせておくとよいだろう。
(5) 反対論者の意見なのだから、否定的な意味の語が登場するはずだ。

(1) 正解：d)

食品医薬品局はある会社に、もともとは……に使われるためのマイクロチップの製造を許可した。

a) 皮ふ病を治療すること
b) 犯罪者の居場所を追跡すること
c) 会社の情報にアクセスすること
d) 医療情報を持ち運ぶこと
e) さまざまな健康上の問題を調査すること。

解説

第2段落にmicrochips designed to be implanted under people's skin（人間の皮下に埋め込むよう設計されたマイクロチップ）とある。その目的としてimportant medical information about an individual could be always carried by the individual.（個人の重要な医療情報が、本人に常に携帯される）とあるので、d)が正解と分かる。

(2) 正解：c)

ウォーカー教授が提示したことによると、この技術の考え得る使い方に含まれないのは

a) 品物に対して簡単に支払うこと。
b) 特別な場所の入場に厳しい制限をすること。
c) 公けのコンピューターにログインすること。
d) 犯罪的な暴力を減らすこと。
e) 携帯者の血液型を決定すること。

第4段落に、a)、b)、d)、e)に関する発言がある。c)に関しては第6段落でメキシコの犯罪データベースにアクセスが許されるという例があるが、これは話者の提案ではないので、この問題の答えとしては誤り。したがって、これが正解である。

(3) 正解：a)

インタビュアーによると、マイクロチップは既に……を追跡するために使われている。
a) 家畜
b) 多くのアメリカの政治家
c) 携帯電話
d) メキシコの高齢者
e) 監視カメラ

第5段落の、Microchips are already used to keep track of pet dogs and cats, farm animals（マイクロチップは既に、ペットの犬猫、農場の家畜の追跡に使われている）という部分が設問と合致する。farm animalsをlivestockと言い換えたa)が正解。

(4) 正解：b)

インタビュアーによると、一部のスコットランド人がチップを埋め込んだ理由は、……からである。
a) 誘拐されたくない
b) クラブで待ち時間を減らしたい
c) 銀行口座のお金の安全を守りたい
d) 公的データベースを開発する手助けがしたい
e) 医療の優遇措置にアクセスしたい

スコットランドでの話題は第7段落。チップを客に埋め込んだナイトクラブの話としてTheir implanted chip allows them to enter without delay and to buy drinks on their personal accounts（埋め込まれたチップのおかげで、待たずに入店できるし、飲み物を個人の支払い分として買える）とある。選択肢に照らし合わせ、b)を選ぶのが正しい。

(5) 正解：e)

ウォーカー教授によると、一部の人がこの技術に反対する理由は、……ということである。
a) チップを埋め込むためのコストが極めて高い
b) それがもたらす利益が高額すぎる
c) 極秘データへのアクセスを禁じる可能性がある
d) 発端となった考え方に改善が必要だ
e) これは生活に制限を課すことになる

解説

最終段落の shocked civil libertarians see our freedoms being taken or given up voluntarily at almost every turn（市民の自由論者はショックを受け、ことあるごとに自由が奪われたり、自発的に手放されたりしていると見なす）が答えになる。freedoms being taken（自由が奪われる）を create restrictions（制限を課す）とパラフレーズした e) が正解。

▶スクリプトと訳

(A)   07 Interviewer   Professor Walker

Interviewer: ①Professor Walker, would you tell us details about the recent news of microchipping people? Some say it's a technological advance, while others raise a number of moral issues.

Professor Walker: ②Well, several years ago, a U.S. company was authorized by the Food and Drug Administration to proceed with the manufacture of microchips designed to be implanted under people's skin. By scanning a person with a chip implanted in their arm, you would be able to access information about them. The company's reported aim for the use of these chips was that important medical information about an individual could be always carried by the individual.

Interviewer: ③So the main purpose of this microchip was to instantly provide vital information in case of emergency.

Walker: ④Yes. Information such as whether the person is on medication, has any allergies, and what their blood group is. But, as you know, it didn't take long for other uses to be suggested. For instance, why not input banking information so that a person would no longer need to carry credit cards and the like? Alternatively, the microchip could contain personal information that would remove the need for passports and ID cards. With the threat of terrorism still high on the political agenda, such devices were welcomed by some people who said the chips could guarantee our safety. An implanted chip could also make it more difficult for outsiders to gain entry to sensitive places such as military bases, government offices, or nuclear power plants.

Interviewer: ⑤I heard overcrowded prisons and the debatable benefits of incarceration are two of the driving forces behind the move to have prisoners "chipped." Microchips are already used to keep track of pet dogs and cats, farm animals, and airport luggage, so why not use them on prisoners? The electronic tagging of criminals has met with limited success, since the ankle bracelets or tags can be removed or be untraceable if the mobile phone network used to monitor them crashes. Now, offenders might be monitored more easily in the community using GPS, global positioning system, and an implanted microchip. It would ensure that criminals were observing any curfew imposed. Or, it would ensure that they stayed away from any specified zones, such as former victims' homes.

Walker: ⑥Personally, it's surprising that these uses generally meet with little resistance from the public, because, as the technology spreads into mainstream society, the distinction between what's acceptable and what isn't becomes much more blurred. However, some people choose to be chipped. Mexico's attorney general has famously endorsed the technology by having a chip implanted in his arm as other members of his staff did. In this case, the chip allows them to gain access to a high-security crime database. It also allows them to be tracked if necessary. Since abduction is a more realistic threat in some countries, perhaps trying to deter would-be kidnappers is the main reason they have agreed to the procedure.

Interviewer: ⑦Another well-publicized voluntary chipping is that of the Scottish nightclub. Its implanted members no longer need to join the line of people waiting to get in. Their implanted chip allows them to enter without delay and to buy drinks on their personal accounts — no more worrying about lining up or losing their wallets. I was kind of shocked to hear that news.

Walker: ⑧Well, the chip itself is tiny — the size of a single grain of rice — but the controversy surrounding it is enormous. On one side, shocked civil libertarians see our freedoms being taken or given up voluntarily at almost every turn, while on the other, people charged with enforcing security measures see the benefits they believe the implants could bring. Will the chip inevitably reduce our civil liberties and be used for surveillance rather than for the benefits its original creators' intended? That's the crucial question.

インタビュアー：①ウォーカー教授、昨今ニュースになっている、人間にマイクロチップを埋め込む件の詳細を教えてくださいますか？　技術の発展だと言う人もいれば、道徳面でいくつもの問題を指摘する人もいます。

ウォーカー教授：②数年前、あるアメリカ企業が食品医薬品局（FDA）から、人間の皮下に埋め込むよう設計されたマイクロチップの製造を進める承認を得ました。腕にチップが埋め込まれた人をスキャンすれば、その人に関する情報にアクセスできるようになります。その企業の報告によると、こうしたチップの使用目的は、個人の重要な医学情報を本人が常に携帯できるということでした。

インタビュアー：③では、このマイクロチップの主な目的は、緊急時に重要な医療情報を即座に提供することだったのですね。

ウォーカー：④はい。その人が投薬を受けているか、何かアレルギーがあるか、血液型は何かといった情報です。しかし、ご存じのように、この技術の別の用途が提案されるのに長い時間はかかりませんでした。例えば、銀行情報をインプットしてはどうだろう。そうすれば、もうクレジットカードのようなものを持ち歩く必要がない。または、パスポートや身分証明書の必要がなくなるように、マイクロチップに個人情報を入れてもいいでしょう。テロリズムの脅威がいまだに重要な政治課題である中で、マイクロチップが私たちの安全を保証してくれると言う人々に、こうした装置は歓迎されました。埋め込みチップはまた、軍事基地や官庁、原子力発電所といった細心の注意が必要な場所に、部外者が侵入するのをより困難にするでしょう。

インタビュアー：⑤刑務所が過密状態になり、収監の価値が議論を呼んでいる状況は、囚人を「チップ管理する」動きの裏にある原動力の2例です。マイクロチップは既に、ペットの犬猫、農場の家畜、そして空港荷物の追跡に使われているのですから、囚人にも使ってはどうかというわけです。犯罪者の電子タグ管理は限られた成功しか収めていません。というのも、足輪やタグは取り外すことができますし、それらを監視している携帯電話網がクラッシュすると追跡不可能になるからです。そこで、GPS（衛星利用測位システム）技術と埋め込みマイクロチップを使えば、コミュニティー内で法律違反者をより容易に監視できるでしょう。犯罪者が、課せられた外出禁止を守っていることを確認できるでしょう。あるいは、彼らがかつての被害者宅などの特定区域に近寄らずにいることを確認できるでしょう。

ウォーカー：⑥個人的に言うと、こうした用途が一般大衆からの抵抗をほとんど受けないのには驚いています。というのも、技術が社会の主流となって普及していくにつれ、受け入れ可能なものとそうでないものの区別がどんどん曖昧になりますので。メキシコの検事総長は、周知の通り、この技術を承認して自分や部下の腕にチップを埋め込みました。この場合、チップは、機密性の高い犯罪データベースへのアクセスを許可するものです。同時に、必要に応じて自分たちが追跡されることを許しもします。誘拐が現実的な脅威である国では、恐らくは誘拐犯予備軍を抑止することを主な理由として、埋め込み処置に同意するでしょう。

インタビュアー：⑦自発的にチップを埋め込んだもう1つの有名なケースは、スコットランドのナイトクラブの話です。埋め込みをした会員は、入店の際に列に並ばなくてもよくなります。埋め込まれたチップのおかげで入店の際に待たずに済みますし、個人払いで飲み物が買えます―並ぶ心配も、財布をなくす心配もありません。そんなニュースを聞いてなんだか衝撃を受けました。

ウォーカー：⑧チップそのものは極小で――米1粒の大きさですが――それをめぐる議論は極めて大きいのです。一方では、市民の自由論者がショックを受け、ことあるごとに自由が奪われたり、自発的に手放されたりしているのだと見なします。他方では、保安措置を執行する責任者たちが、埋め込みがもたらし得る利点に目を向けます。チップの発案者が意図した利点ではなく、われわれ市民の自由を減らし、監視する目的で使われるのは、避けられないことでしょうか？　これは重大な問い掛けです。

(B)

[設問から得られるヒント]
「(A)で触れた話題についての3人の討論」とあるので、マイクロチップの是非を巡る内容になりそうだと見当がつくだろう。
[設問ごとのリスニングポイント]
(6) 討論の冒頭で、意見を述べるときに使うthink、supposeといった動詞が出てきたら、その周辺に答えがありそうだ。
(7) 前問同様に意見を述べるI can see（納得できる）のほか、prisonersもカギになると推測できるので、アンテナを張って聞こう。
(8) 言われていない1つではなく、言われている4つを探すことになるので、聞こえたものから削っていこう。
(9) アルファベットの羅列は聞き取りやすいはず。RFIDそのものをキーワードにして待とう。
(10) 話者間でいろいろな意見が飛びかうが、スーザンの考えを把握しよう。その上で、チップの埋め込みと犯罪件数に関して述べた発言に注意しよう。

(6) 正解：e)

会話によると、ジョンは……と信じている。
a) 誘拐犯たちはチップを埋め込まれるべきではない
b) すべての人々がチップを埋め込まれるべきだ
c) 彼には誘拐の被害者になる可能性が皆無である
d) 彼は自分の安全のためにチップを埋め込まれる覚悟ができている
e) メキシコの役人はお粗末な案を実行した

解説
放送文最初の教授とジョンのやりとりに注目。ジョンが2回目の発言で、the Mexican attorney general was setting a bad example（メキシコの検事総長は、悪い前例を作った）とはっきり言っており、e)が正解と分かる。彼の1回目の発言は、チップの埋め込みを拒む内容なので、この時点でd)は削除できるだろう。当然、自分がやりたくないのだから、b)も違うということになる。

(7) 正解：b)

スーザンは、危険な囚人に……（という条件で）チップを埋め込むことは、受け入れられるかもしれないと考えている。
a) 彼らの残りの人生ずっと
b) 彼らが刑期を終えるまで
c) 彼らの更正を社会が受け入れるまで
d) 彼らが刑務所から逃げない限り
e) チップがGPSで追跡されるまで

解説
まず気を付けなければならないのは、誰がスーザンかということ。囚人への埋め込みに肯定的と考えられるスーザンの名前が出るのは、彼女の最初の発言の後だからだ。その最初の発言では、I

can see the argument for some dangerous prisoners being implanted for the duration of their sentences（一部の危険な囚人が、その刑期の間埋め込まれるという主張なら分かる）と言っている。正解はb)だ。

(8) 正解：b)

スーザンはいくつか「チップの埋め込み」についての問題を指摘している。彼女が言及していないのは、……ということである。

a) 誰かがクレジットカードを悪用するかもしれない
b) 誰かが口座に現金を振り込むかもしれない
c) 誰かが個人情報を盗むかもしれない
d) 誰かが許可なく、チップを読み込むかもしれない
e) 誰かがあなたの身分を装うかもしれない

解説

スーザンは埋め込みに関して懐疑的な発言を続けているが、その根拠としてpeople other than the nightclub workers will be able to read their chips（ナイトクラブの店員以外の人がチップを読み取れるようになる）、credit card fraud（クレジットカード詐欺）、identity theft（身分盗用）などを挙げている。これらは選択肢のa)、c)、d)に合致。I just wouldn't want strangers knowing my name and how much I've got in the bank.（自分の名前と銀行預金額を他人に知られたくない）という発言はあるが、「口座に振り込まれる」とは言っていないので、b)が正解。

(9) 正解：d)

ウォーカー教授によると、RFIDタグは

a) 埋め込みチップよりも強力である。
b) GPSの技術で追跡できる。
c) 広いエリアで使える。
d) 無線認識タグの略である。
e) 犯罪者の居場所を正確に突き止めることができる。

解説

埋め込みチップとRFIDタグの違いを尋ねたジョンに教授が答えている。その中のthe chips are much more powerful than the radio frequency identification devices have ever been（チップの方が無線認識装置よりもずっと強力だ）という発言がカギになる。
チップと比較されているものがRFIDだから、RFID＝radio frequency identificationとなり、d)が正解。ちなみにIDはidentificationの略。

（10）正解：b)

スーザンはチップが犯罪を減らすとは考えていない。なぜなら、……からである。

a) RFID は完ぺきなシステムではない
b) それは人の居場所しか示さない
c) 犯罪者がとても用心深くなる
d) 誘拐犯はチップを取り除くかもしれない
e) 普及するとは思えない

解説

スーザンは個人情報の観点からだけでなく、ほかの問題点も指摘している。Just because we'll know where they are doesn't mean that we'll know what they're doing（彼ら［犯罪者］の居場所が分かるからといって、何をしているか分かるわけではない）と述べ、無条件で犯罪抑止につながるとは言えないと主張している。したがって、b)が正解となる。

▶スクリプトと訳

(B) 08 Professor Walker John Susan

Professor Walker: So, what do you think, John? Would you be prepared to have a microchip implanted in your arm if it meant it could save your life in an emergency? Or would you get one to try to keep you safe from potential kidnappers?

John: I'd rather they chipped the potential kidnappers than me, Professor Walker, if I were in danger of being kidnapped.

Walker: Well, that wouldn't really be practical, would it? Surely, you don't advocate chipping people just because they are potential criminals? That would include everyone.

John: Yeah, that's true. I suppose the Mexican attorney general was setting a bad example by getting a chip for the reason it might deter kidnappers. But I don't see why anyone would think convicted criminals shouldn't be chipped.

Susan: It depends what crime they've committed and how long they would have to keep the chip. I can see the argument for some dangerous prisoners being implanted for the duration of their sentences — then they could be traced if they escaped.

John: No, Susan, once someone commits a crime, they give up their rights, and I think the chip should stay in them forever.

Susan: Once a criminal, always a criminal? So you don't think prison can reform convicts? I think we should be trying to stop criminals from wanting to commit any crimes in the future. Not just punishing them.

Walker: Well, let's not allow the debate to become one about prison reform. Under what circumstances would you be prepared to be chipped? Susan?

Susan: None. As for those Scottish nightclubbers, they sound like turkeys lined up for Christmas.

Walker: What do you mean?

Susan: Well, don't they see the potential dangers? Maybe people other than the nightclub workers will be able to read their chips in the future. They're making it possible for people to find out information about them without any say in who gets to see that information.

Walker: Why is that a problem?

Susan: The information could be abused. You know, credit card fraud, identity theft, that sort of thing. Besides, I just wouldn't want strangers knowing my name and how much I've got in the bank.

John: Aren't these implants just the same as RFID tags, anyway?

Walker: I suppose the difference now is that the chips are much more powerful than the radio frequency identification devices have ever been. Also, the RFIDs only work within a limited range from the scanner — most commonly a few meters or so. Now that these implanted chips can be traced using GPS technology, the range is much greater. That's why it's now feasible for them to be used to track criminals, for example.

Susan: I agree with the people who think we should be very cautious about accepting implants without a good reason. I mean, even if criminals are chipped, it doesn't make much difference. Just because we'll know where they are doesn't mean that we'll know what they're doing. So, these chips won't automatically reduce crime, as some people think.

Walker: Yes, that's a very good point, Susan.

Susan: I think people will gradually accept the implants, just as they don't complain about the chips being used in cars to make sure people are observing the speed limits. There are lots of subtle ways the technology can be normalized.

Walker: Just this brief discussion shows how difficult it might be trying to decide where we draw the line when it comes to implanting microchips in human beings.

ウォーカー教授：さて、どう思う、ジョン？　緊急時に命を救ってもらえるなら、マイクロチップを腕に埋め込まれてもいいかな？　あるいは、誘拐犯になりそうな人から身を守るために埋め込むとかは？

ジョン：僕よりも、誘拐犯になりそうな人にチップを埋め込んでもらいたいですね、ウォーカー教授、もし僕が誘拐される危険があるのであれば。

ウォーカー：うーん、それはあまり現実的じゃないかもしれないな。まさか、君は、犯罪者になる可能性があるというだけの理由でチップを埋め込むよう提唱するわけではないよね？　それでは誰もが含まれてしまう。

ジョン：いや、その通りです。メキシコの検事総長は、誘拐犯を阻止するためという理由でチップを埋め込んで、悪い前例を作ったと思います。しかし、有罪判決を受けた犯罪者にチップを埋め込むのがいけないと考える理由は、見当たりません。

スーザン：それは、どんな罪を犯し、どれだけの期間チップを入れていなければならないかによるわ。一部の危険な囚人が、刑期中に埋め込まれるという主張なら分かる――そうすれば、もし逃げても追跡できるもの。

ジョン：いいや、スーザン、人は一度犯罪を起こしたら権利を手放し、チップはいつまでも体内に残すべきだと思うよ。

スーザン：一度犯罪者になったら、ずっと犯罪者？　じゃあ、刑務所は受刑者を更正できないということ？　私は、犯罪者が将来犯罪を起こさないように抑止する努力もすべきだと思うわ。罰するだけじゃなくて。

ウォーカー：ほらほら、刑務所での更正について討論するわけじゃないよ。どういう状況下ならチップを埋め込まれる気になるかな？　スーザン？

スーザン：そんな状況はありません。スコットランドのナイトクラブ客の話については、並んでクリスマスを待っている七面鳥みたいだと感じます。

ウォーカー：どういう意味？

スーザン：つまり、彼らは起こり得る危険が見えないのでしょうか。もしかしたら、そのうちナイトクラブの店員以外がチップを読み取れるようになるかもしれません。誰がその情報を読み取れるのか知らされることもなく、自分の情報を他人が探れるようにしているのです。

ウォーカー：それがなぜ問題なのかな？

スーザン：情報が悪用されるかもしれません。ほら、クレジットカード詐欺とか、身分盗用とか、そういったことに。それに、私は単純に、自分の名前や銀行にいくら入っているかを他人に知られたくはありません。

ジョン：それはそうと、こうした埋め込みチップは、RFID（無線認識）タグと同じじゃないのですか？

ウォーカー：今のところ、チップの方がRFIDよりもずっと強力という点が違うね。それに、RFIDはスキャナーからの限られた圏内で有効だけど――大抵は数メートルといったところかな。一方で、この手の埋め込みチップならGPS技術を使って追跡できるし、範囲がずっと広い。だから、今では例えば犯罪者の追跡に使えるようになってきたわけだ。

スーザン：私は、本当に納得できる理由がない限り、埋め込みチップの容認には非常に慎重になるべきと考える人たちに賛成です。と言うのは、たとえ犯罪者がチップを埋め込まれても、実際のところ大きな違いはなさそうだからです。居場所が分かっても、何をしているかが分かるわけではありません。ですから、一部の人々が考えているようには、こうしたチップが無条件に犯罪を減らすわけではないでしょう。

ウォーカー：なるほど、それはとてもいい指摘だな、スーザン。

スーザン：人々は次第に埋め込みを容認していくと思います、スピード制限を確実に守らせるために自動車にチップが使われても、文句を言わないのとちょうど同じです。こういった技術を標準化する巧妙な方法はたくさんあります。

ウォーカー：この短い討論だけでも、人にマイクロチップを埋め込むことに関して、どこで線引きをするのか判断するのはかなり難しそうだと分かるね。

(c)

[設問から得られるヒント]
指示文、設問ともに具体的なテーマは示されていないが、設問内容からアメリカ先住民の歴史に関する話だと予想できる。(12) Ohio（オハイオ）や（14) the American Revolution（アメリカ独立戦争）がキーポイントになると考えられる。

[設問ごとのリスニングポイント]
(11) Iroquois（イロコイ族）やbeavers（ビーバー）といったキーワードを意識して待ち構えよう。
(12) ここもShawnee（ショーニー族）という特徴ある語をポイントとして押さえておくことが大切。
(13) 年号が入っているので、それをポイントにリスニングしていこう。
(14) ここでのキーワードはthe American Revolution（アメリカ独立戦争）。固有名詞はしっかりと押さえるように。
(15) the Battle of Fallen Timbers（フォールン・ティンバーズの戦い）がキーワード。これをきっかけに何が起こったか注意して聞こう。

(11) 正解：b)

話者によると、イロコイ族は多くのビーバーを殺した。なぜなら、……からである。
a) 彼らは銃を持っていた
b) 彼らは銃器が欲しかった
c) オランダ人が彼らにそう命令した
d) 彼らはショーニー族を脅したかった
e) 生きるための食べ物が必要だった

解説
第2段落のTo pay for the guns, the Iroquois killed beavers, which had beautiful fur that many Europeans wanted to buy.（イロコイ族は、銃の支払いをするため、多くのヨーロッパ人が買い求めた美しい毛皮を持つビーバーを殺した）が答えになる。冒頭のTo pay for the gunsから、正解はb)だ。

(12) 正解：a)

話者によると、ショーニー族は1700年代にオハイオに戻ってきた。なぜなら……からである。
a) 何らかの問題を抱えていた
b) 銃を購入したかった
c) 今やイロコイ族に降伏するつもりだった
d) フランス人が彼らの住居を焼き払った
e) 毛皮の交易を開始していた

解説
第3段落にショーニー族が戻ってきた経緯がある。In the 1700s, the Shawnee began to return to Ohio. By then, they also had guns and had encountered many problems elsewhere.（1700年代にショーニー族がオハイオに戻り始めた。このころまでには

彼らも銃を所有しており、また、ほかの地で多くの問題に直面していた）と述べられているので、a)が正解である。文中にあるように、ショーニー族も既に銃を持っていたのでb)は不適切。

(13) 正解：d)

アメリカ先住民との問題を避けるため、1763年にイギリスは
a) 北アメリカの地図を作った。
b) 協定を無視した。
c) フランスと決別した。
d) 土地を分割した。
e) より新しい銃を購入した。

解説
カギがあるのは第4段落。The British … in 1763, they drew a line on a map of North America, separating their lands from those of the British.（イギリスは……1763年、イギリスの領地からアメリカ先住民の領地を分離するため北アメリカの地図に線を引いた）から、d)が正解と分かる。

(14) 正解：c)

アメリカ独立戦争では、多くのアメリカ先住民たちが……を相手に戦った。
a) フランス
b) ショーニー族
c) アメリカ
d) イギリス
e) オランダ

解説
第5段落に the Shawnee and many other tribes of Ohio did end up helping the British fight the Americans.（ショーニー族やオハイオの多くの他部族たちは、アメリカと戦うイギリスを支援した）とある。設問では「誰を支援したか」ではなく「誰と戦ったか」が問われているので、c)が正解。

(15) 正解：e)

フォールン・ティンバーズの戦いについて適切なものはどれか。
a) マイアミのアメリカ先住民部族国家が勝利した。
b) リトル・タートルがアメリカ先住民部族国家を率いた。
c) 何度かあった同様の戦いのうちで最初の戦いだった。
d) イギリスがマイアミ先住民を支援した。
e) 12の部族国家が合衆国との条約に調印した。

解説

第6段落に12 major Native American nations in Ohio signed a treaty with the U. S.（オハイオの12のアメリカ先住民部族国家が合衆国との条約に調印した）とある。リトル・タートルが率いたのはマイアミのアメリカ先住民部族なのでb) は不正解。

▶スクリプトと訳

(C)

① Beautiful Ohio, with its rich farmland, blue lakes and green forests, is also an American state with an especially ugly, violent 17th and 18th century history. Whether because of war among the different groups of Native Americans or because of conflict between the Indigenous people and those of Western nations, this period in Ohio is one of the most brutal in the history of North America.

② To understand what happened in Ohio, it is first necessary to look at what was happening in the 1600s in the colony of New York. In this area, a tribe of Native Americans called the Iroquois wanted guns from the Dutch. To pay for the guns, the Iroquois killed beavers, which had beautiful fur that many Europeans wanted to buy. After a while, the Iroquois killed most of the beavers in the region, and so, with their guns, they went west to Ohio to hunt more of these animals. Unfortunately, there were already people living there called the Shawnee as well as other tribes. The Shawnee did not have guns, so, after long, bloody battles with the Iroquois, they left Ohio in the 1660s.

③ In the 1700s, the Shawnee began to return to Ohio. By then, they also had guns and had encountered many problems elsewhere. By 1758, most of them had returned to their native land. However, now the French claimed Ohio. They were at war with the British, who also wanted this area. Due to these claims, intense conflict broke out between the British and the French, and this conflict involved their Native American allies in and around Ohio. Many people were killed, many homes were burned, many people suffered.

④ In 1763, the war between the French and British ended but not the conflict. The British wanted to end some of the problems with the Native Americans, so, in 1763, they drew a line on a map of North America, separating their lands from those of the British. Unfortunately, many British ignored this agreement, and the fighting continued between the Ohio Native Americans and white settlers.

⑤ The violence continued. In 1774, the British promised the tribes that they could keep Ohio, perhaps because they wanted their help in the coming conflict with the Americans. Likewise, in 1775, the Americans made the same promise to the tribal groups, probably because they didn't want them to aid the British. However, the Shawnee and many other tribes of Ohio did end up helping the British fight the Americans. As a result, after the 13 American colonies severed their political connections to Britain, the Native American nations of Ohio were told to move west out of this future state.

⑥ They refused to leave their homes, so in 1790, the newly formed United States sent an army to attack them. Fortunately for the Native Americans, the army was not well-trained, and so the Miami Native American Nation, led by Little Turtle, defeated the U.S. army. In 1791, another army was sent, but this one, too, was defeated by the Miamis, along with other tribes, and many soldiers were killed. Yet another army was sent in 1794, under General Wayne, who then defeated the Native Americans at the Battle of Fallen Timbers. After this last battle, 12 major Native American nations in Ohio signed a treaty with the U.S., and most of them left Ohio.

⑦ Beautiful Ohio does indeed have rich farmland, blue lakes and green forests today. However, beneath that soil, under that water and among those trees is a sad history of violence and death.

①豊かな農地と青い湖、そして緑の森を持つ美しいオハイオはまた、17世紀から18世紀にかけて、とりわけ物騒で暴力的な歴史を持つアメリカの州でもあります。それが異なるグループのアメリカ先住民の間に起きた戦争のためであれ、アメリカ先住民と西洋諸国との間に起きた対立のためであれ、オハイオにおけるこの時代は、北アメリカで最も残虐な歴史の1つです。

②オハイオで何が起きたのかを理解するためには、まず、1600年代のニューヨーク植民地で何が起きていたのかに目を向ける必要があります。この地域では、イロコイ族と呼ばれるアメリカ先住民の部族が、オランダ人から銃を欲しがっていました。イロコイ族は銃の支払いをするために、多くのヨーロッパ人が買いたがった美しい毛皮を持つビーバーを殺しました。やがて、イロコイ族はその地域にいたビーバーのほとんどを殺してしまったため、こうした動物たちをもっと狩るため、銃を手に、オハイオを目指して西へと向かいました。しかしながら、そこにはすでに、ショーニー族と呼ばれる住民や、そのほかの部族が住んでいたのです。ショーニー族は銃を持っていなかったため、イロコイ族との長期にわたる血なまぐさい争いの後、1660年代にオハイオを去りました。

③1700年代になると、ショーニー族はオハイオに戻り始めました。そのころまでには彼らも銃を所有しており、また、ほかの地で多くの問題に直面していました。1758年までには、ショーニー族のほとんどが郷土へと戻ってきました。しかし、今度はフランスがオハイオの領有権を主張したのです。フランスは同じくこの地域を欲しがっていたイギリスと争っていました。これらの主張によって、イギリスとフランスの間に激しい衝突が起こりました。この衝突はオハイオ内外で同盟となったアメリカ先住民も巻き込みました。多くの人々が殺され、多くの家屋が焼き払われ、多くの人々が苦しみました。

④1763年、フランス対イギリスの戦争は終結しましたが、対立は終わりませんでした。イギリスはアメリカ先住民との問題を部分的にも終わらせたいと考えたため、1763年に北アメリカの地図に線を引きました。それによって、アメリカ先住民の領地をイギリスの領地から分離したのです。しかしながら、多くのイギリス人がこの合意を無視し、オハイオのアメリカ先住民と白人入植者たちの間で争いは続きました。

⑤暴力は続きました。1774年にイギリスは、先住民部族たちによるオハイオ保有を約束しましたが、これはおそらく来るべきアメリカとの衝突の際に彼らの助けが欲しかったためでしょう。同様に、1775年にはアメリカが先住民部族たちに対して同じ約束をしました。これはおそらく先住民にイギリスを支援させたくなかったためでしょう。しかしながら、ショーニー族をはじめ多くの先住民部族たちが、実際にはイギリスがアメリカと戦うのを支援しました。この結果、アメリカ13植民地がイギリスとの政治的なつながりを断ち切った後、オハイオのアメリカ先住民部族国家に対して、将来的に州となるこの地を立ち退いて西へ移住するように命じました。

⑥先住民たちは故郷から出て行くことを拒みました。このため、1790年、新たに建国されたアメリカ合衆国は彼らを攻撃するために軍を派遣しました。アメリ

カ先住民にとって幸いなことに、軍は十分に訓練されていなかったため、リトル・タートル率いるマイアミ先住民部族国家が合衆国軍を打ち破りました。合衆国は1791年、別の軍を派遣しましたが、マイアミ族やほかの部族たちはまたもこの軍を打ち破り、多くの兵士を殺害しました。しかし、1794年にウェイン将軍率いる別の軍が派遣され、フォールン・ティンバーズの戦いでアメリカ先住民を破りました。この最後の戦いの後、1795年、オハイオにおける12の主要なアメリカ先住民部族国家は合衆国との条約に調印し、彼らのほとんどがオハイオを去りました。

⑦今日、美しいオハイオには、確かに豊かな農地と青い湖、そして緑の森があります。しかし、あの土の下、あの水の底、そしてあの木々の間には、暴力と死の悲しい歴史が存在するのです。

Comment from Kimutatsu

速度が上がってどうやったかな？　最初はできなくても大丈夫。速度に慣れるためには何度も聞いているだけじゃあかんよ。同じ速度で自分も英語を話すこと。スクリプトを見ながらでいいから、同じ速度で読むことができたら、聞くのも楽になってくるはず。「聞き取れなかった」と落ち込んでいる人は音声に合わせて何度も読み込もう！

コラム「Kimutatsu's Cafe」では、
キムタツ先生のお知り合いの先生方に話を伺います。

今の英語学習を
いつか社会のために

潮海香代先生（SHIOMI, Kayo）兵庫県立神戸高等学校 教諭

　私は中学1年生から英語を学び始めました。学校の授業がall Englishで、先生が話され、それを通して新しい文法事項や単語を学ぶ、という形式でした。授業のたびにディクテーションをするのですが、定期考査前になってもスクリプトは出てきません。友達とディクテーションの内容を突き合わせて、正解を作りました。テスト中にはネイティブスピーカーの先生がやってきて、聞いた音声を直にディクテーション。高校に進んでも、外国人の先生によるall Englishの授業は週に2回ほどのペースで続きました。その授業が大好きでした。

　3年ほど前に、現任校の夏休みのシンガポール研修の引率を行いました。Raffles Institutionという中高一貫校のような学校が姉妹校で、主に理系の生徒がホームステイし、研究発表をお互いに行ったり、理系の施設を一緒に訪問したりしました。引率した生徒たちは高校2年生でしたが、Rafflesの生徒はおおむね1つ下。彼らは、地下鉄ではスマホで英語の論文を読み、研究発表会では早口の英語で発表していました。学校では英語ですが、家では中国語を話しているようでした。

　この研修旅行中に南洋理工大学を訪問しました。生徒たちは、午前中には化学の講義をRafflesの生徒と一緒に受け、午後は実習とそのまとめのコンピューターの作業。この実習を、日本人の教授が見に来てくれたのです。彼は生徒たちの高校の卒業生でもなく、皆さんの目指す東大の出身でもありませんでしたが、基礎研究をする中で、よりよい環境を求めて、最初はアメリカの大学、次にシンガポールのその大学に職を得、研究をしているとのことでした。会議までのほんの30分程度の空き時間を利用して、「日本の高校生が来てるんだって？」と訪ねてくれ、私とも心を開いて話してくれ、生徒たちの質問にも応じてくれました。世界を股にかけて活躍している人は（実際には、ただ好きなことを突き詰めていったらここにたどり着いた、という感じでしたが）、こんなにも心の広い人なのか、と感心しました。

　今は受験勉強で、他人に気を遣うどころの話ではないかもしれません。でも、新たなステージに立ったら、ぜひ他人のためになる研究をしてください。社会の役に立つ人物になってください。今、必死で勉強している英語が、きっとあなたを支えることでしょう。応援しています。

そろそろこの本を使った学習にも慣れてきたでしょうか。これだけの文章をリスニングするのは、体力的にも大変です。無理をせず、自分に合ったペースを見つけましょう。

🎧 10

(A)

これから放送する講義を聞き、(1) ～ (5) の問いに対して、それぞれ最も適切な答えを一つ選べ。

(1) According to Professor Hollinger, the truth about "artificial life" and "synthetic life" is that

a) "synthetic life" only exists in simulations on computers.
b) the terms have often been used to describe the same thing.
c) scientists do not care which term is used.
d) they are relatively new ideas.
e) researchers rarely focus on "artificial life."

(2) What we cannot do in the process of making a new single-celled organism is

a) borrow the DNA from other organisms.
b) create new DNA without existing creatures.
c) ignore the ethical problems.
d) control the ideal conditions for experiments.
e) perform a long series of tests.

(3) According to Professor Hollinger, the "bottom-up" approach is

a) the rearranging of existing DNA.
b) a method that succeeded in making a new genome.
c) expected to clarify how life began.
d) based on cells that already exist.
e) a perfect method to learn first in the course.

⑷ **According to Professor Hollinger, Mr. Venter is trying to find**

a) the simplest genetic requirements for living.
b) a genome that can be easily spliced.
c) recombinant DNA to be used in a test.
d) a set of basic creatures without a nucleus.
e) an ethical reason to continue his experiments.

⑸ **If Mr. Venter's tests succeed, the cell will**

a) become a multicellular organism.
b) form an unknown DNA.
c) recombine its DNA with other cells.
d) survive only in a test tube.
e) start expanding by dividing.

🎧 11

(B)

これから放送するのは、⑷ を話題にした3人の会話である。これを聞き、⑹ 〜 ⑽
の問いに対して、それぞれ最も適切な答えを一つ選べ。

⑹ **Tommy thinks that Professor Hollinger is the kind of person who**

a) places her priority on science.
b) believes ethics are the base of science.
c) doesn't like having discussions.
d) discovered a recombinant DNA technique.
e) reads too many sci-fi novels.

(7) **Tommy says people trying to create a single-celled organism**

  a) could end up producing something terrible for humans.
  b) will need a long time to accomplish it.
  c) may turn the world into something like a science-fiction movie.
  d) are trying to do something that happened naturally.
  e) should start debating ethical problems.

(8) **In the conversation, what is said about viruses?**

  a) They are complicated creatures.
  b) They are considered alive.
  c) They have yet to be synthesized.
  d) They have evolved over 3 billion years.
  e) They can cause death to people.

(9) **According to Gina, creatures made by humans should**

  a) be burned.
  b) be used for other experiments.
  c) be cleaned up.
  d) be used to make fuel.
  e) be made available to the general public.

(10) **According to Tommy, the main problem is that**

  a) the human body won't stand the experiments.
  b) that research has been internationally banned.
  c) there is no universally recognized legal framework.
  d) the control of the authorities is too strict.
  e) destroying viruses is impossible.

🎧 12

(C)

これから放送する講義を聞き、(11) ～ (15) の問いに対して、それぞれ最も適切な答えを一つ選べ。

(11) According to the speaker, "media bias" is

a) a rare tendency in society.
b) what journalists call "objectivity."
c) not actually easy to correct.
d) accomplished through everyone's cooperation.
e) clearly shown and easily corrected.

(12) According to the speaker, it's not practicable when someone asks you to

a) tell the truth as if readers or viewers were from outer space.
b) report things as if you knew nothing about humans.
c) write articles in other languages.
d) broadcast affairs occurring outside residential areas.
e) spread information as soon as you get it.

(13) According to the speaker, what might a reporter be criticized for?

a) Over-researching a topic.
b) Covering the basic details.
c) Writing too long an article.
d) Not talking to a robber.
e) Omitting a corrupt executive's side of his or her story.

(14) According to the speaker, one of the subjective actions done by editors and reporters is

a) deciding what to report and what to cut.
b) declaring they are not biased.
c) attempting to find the facts.
d) making comics to fill up the newspaper.
e) choosing two writers from different sections.

(15) In the situation of the news talk show, people think it's not biased because

a) everyone knows that climate change is a problem.
b) the audience has little knowledge about science.
c) the scientist is forced to say something designed by the show.
d) there are representatives from both sides.
e) one of the speakers is a lobbyist with many supporters.

解き終わったら、次ページからの
解答と解説をチェック！

Trial Test 4
▶解答と解説

(A)

[設問から得られるヒント]
設問や選択肢にlifeやcell、DNAといった語があるので、科学、特に遺伝子工学などに関する講義だと推測できる。
[設問ごとのリスニングポイント]
(1) "artificial life"と"synthetic life"の2つがキーワード。ただし、2つが対比されるか並列的に述べられるかは、設問だけからは判断できない。
(2) 設問内容から、単細胞生物を造るプロセスに触れられ、その中で「これはできない」あるいは「あれらはできる」といった形でヒントが隠されているだろうと予測できる。
(3) 当然、"bottom-up"がポイントになる。この語を頭に入れて聞いていこう。
(4) Mr. Venterという固有名詞が入っているので、それに注意しておこう。
(5) 前問同様、Mr. Venterが登場している。彼の話が続いている可能性があるので、名前だけでなく彼の実験の内容や結果にも注意しよう。

(1) 正解：b)

ホリンジャー教授によると、「人工生命」と「合成生命」についての事実は

a) 「合成生命」はコンピューターでのシミュレーション中にしか存在しない。
b) これらの用語がしばしば同じものを表すのに使われてきた。
c) 科学者はどちらの用語が使われるか気にしない。
d) それらは比較的新しい考えである。
e) 研究者は「人工生命」に焦点を合わせることがまれである。

解説
第2段落でUntil recently the two have been used interchangeably（この2つは、最近まではどちらも入れ換え可能な使い方をされていました）とある。つまり、どちらも同じ意味で使われてきたのだから、b)が正解である。

(2) 正解：b)

新しい単細胞生物を造る過程で私たちができないことは、……ことである。

a) ほかの組織からDNAを借りる
b) 既存の生物なしで新しいDNAを創造する
c) 倫理的な問題を無視する
d) 実験にとって理想的な条件を管理する
e) 一連の長い試験を実施する

解説
単細胞生物を造り上げる手順が第5段落にある。その中で、First, you'll need a string of DNA（まず、1本のDNAが必要）と述べ、Making a new string is something we can do. If

we borrow and recombine the sequences from creatures that already exist（新たな1本を造るのは私たちにとって可能なことです。すでに存在する生物から配列を借り、再結合させるならば）と続く。つまり、不可欠な1本のDNAをほかの生物から借りるのだから、基になる既存の生物なしで新しい生物は造ることができない。したがって、正解はb)だ。

(3) 正解：c)

ホリンジャー教授によると、「ボトムアップ」型アプローチは

a) 既存のDNAの再配列である。
b) 新しいゲノムの開発に成功した方法である。
c) どのように生命が始まったかを解明すると期待されている。
d) すでに存在する細胞に基づいている。
e) 講座の最初に学ぶにはぴったりの方法である。

| 解説 |

第5段落から始まる「ボトムアップ」の説明の最後に当たる、第8段落が答え。This kind of study is the key to understanding life's origins（この種の研究は、生命の起源を理解するための鍵）とあるので、c)が正解である。

(4) 正解：a)

ホリンジャー教授によると、ヴェンター氏が見つけようとしているのは

a) 細胞が生存に要する最も単純な要素。
b) 簡単に接合できるゲノム。
c) テストで使用する組み換え型DNA。
d) 核を欠いた、一そろいの基礎的な生物。
e) 自分の実験を続けていくための倫理的な理由。

| 解説 |

Mr. Venterの名前が登場するのは、第10段落。そこで彼が行ってる実験について触れられている。実験は、they have what seems to be the most basic set of possible genes for life.（彼らが生命にとって最も基本的な1組だと考えられる遺伝子を見つける）まで続くと書かれている。このthe most basic set of possible genes for lifeを言い換えたa)が正解。

(5) 正解：e)

ヴェンター氏がテストに成功したならば、その細胞は、……だろう。

a) 多細胞生物になる
b) 未知のDNAを形作る
c) そのDNAをほかの細胞と再結合させる
d) 試験管の中だけで生き延びる
e) 分裂によって増え始める

| 解説 |

実験の続きが最終の第11段落で述べられている。新しいDNAを注入された細胞は、takes over

and does the rest, dividing and creating copies of the new single-celled organism.（引き継いで残りを行い、分裂して、新たな単細胞生物を複製する）とある。よって、正解は e) だ。

▶スクリプトと訳

(A)   Tommy 　Professor Hollinger

Tommy: ①Ms. Hollinger, may I ask a question? What exactly is the difference between "artificial life" and "synthetic life" you mentioned in the last class? I'm not sure if I understood them precisely.

Professor Hollinger: ②OK, let's go over those terms, then. "Artificial life" and "synthetic life." Until recently the two have been used interchangeably, but we're going to stick with "synthetic life" for this part of the course for two reasons. First off, the term "artificial life" is commonly in use in research that focuses on computer simulations of living systems. Obviously, that's a little out of our scope. Secondly, some biologists now want to distinguish between the idea of creating life by re-organizing chromosomes and creating entirely new life-forms from the most basic chemicals of life.

Tommy: ③Oh, I see.

Hollinger: ④We can also look at these two terms from "top-down" and "bottom-up" approaches. What we'll be looking at over the next couple of weeks is the top-down approach, which is taking what we know, breaking it down into component parts, and then rearranging it to some other purpose. But, before we really get started, I'm going to touch on the issue of the bottom-up method just for a few moments.

⑤There have been advances in creating a completely new single-celled organism, but if we ignore the high-profile ethical issues for now, there are plenty of other practical roadblocks in the way. First, you'll need a string of DNA for your new microbe. Making a new string is something we can do. If we borrow and recombine the sequences from creatures that already exist, we can build DNA from scratch. But can we write a wholly new genome?

Tommy: ⑥Absolutely not.

Hollinger: ⑦You would need to cause the spontaneous creation of cell walls, which is something we can't yet do. There have been a few successes in this area, but all these experiments have been run under strictly controlled conditions. These artificial cells lack the vital parts to generate their own energy. They would never survive outside of a test tube.

⑧This kind of study is the key to understanding life's origins, but we are nowhere near to perfecting a bottom-up artificial life form. Therefore, let's turn to the area where I think the real excitement is happening: synthetic life. Any questions so far?

Tommy: ⑨What's the goal of synthetic biologists? Are they trying to manufacture some entirely new creature?

Hollinger: ⑩Generally, they work with recombinant DNA — a genome that has been spliced together from various known sources. What scientists such as the famous Mr. Venter, who I'm sure you've read about, are attempting to do is to assemble the most basic model of a living creature. They perform a series of tests — a very long series of tests — in which they turn off a set of genes and test to see if the organism can still survive. Then they try another set, and another, until they have what seems to be the most basic set of possible genes for life.

⑪The next step is to insert this super-simple genome into a cell. Again, we're starting from the top down here, so we use a living cell that has simply had its genetic material removed from the nucleus. We insert the new DNA, and theoretically, the cell machinery takes over and does the rest, dividing and creating copies of the new single-celled organism.

トミー：①ホリンジャー先生、質問してもいいですか？　前回の授業でおっしゃった「人工生命」と「合成生命」には、正確にはどのような違いがあるのでしょうか？　正しく理解できたかどうか覚束ないものですから。

ホリンジャー教授：②なるほど、では、それらの用語について復習しましょう。「人工生命」と「合成生命」。この2つは、最近まではどちらも入れ換え可能な使い方をされていました。しかし、当講座のこのパートでは「合成生命」をテーマとします。理由は2つ。まず、「人工生命」という用語は、生物系のコンピューター・シミュレーションに注力する研究で一般的に使われています。明らかに、それは少し、私たちの領域から外れていますね。2番目の理由としては、染色体を再編して生命を創造することと、生命の最も基本的な化学物質から完全に新しい生命体を創造すること、これらを区別して考えたい科学者が一定数いるからです。

トミー：③ああ、なるほど。

ホリンジャー：④同時に、これら2つの用語を「トップダウン」そして「ボトムアップ」型のアプローチと見なすこともできます。私たちがこれから2、3週間で考察するのは、トップダウン型アプローチです。これは、知っているものを取

り上げ、構成要素に分解し、それから何か別の目的のために配列し直すことです。ですが、本格的に始める前に、ボトムアップ型手法に関する議論に少し触れようと思います。

⑤完全に新しい単細胞生物を創造することでは、これまで進歩がありました。しかし、注目を集める倫理的な議論はしばらく無視するとしても、ほかにもたくさんの現実的な障害があって道を阻みます。まず、新しい微生物を造るなら、1本のDNAが必要となります。新しい1本を造るのは、可能です。すでに存在する生物から（DNAの）配列を借りて再結合させれば、ゼロからDNAを構築できます。しかし、完全に新しいゲノム（遺伝情報）を書くことができるでしょうか？

トミー：⑥絶対にできません。

ホリンジャー：⑦細胞壁が自然発生的に創造される必要があり、これはまだできません。この領域で、今までわずかに成功例はありましたが、そういった実験はどれも厳重に管理された環境下で実施されました。こういう人工細胞は、自らのエネルギーを生み出す極めて重要な部分を欠いています。試験管の外では決して生き残れないでしょう。

⑧この種の研究は、生命の起源を理解する鍵です。しかし私たちは、「ボトムアップ」型の人工生命体を完成させるには遠く及びません。したがって、「合成生命」に話を戻します。この領域では、実にわくわくする展開が起こっていると思います。ここまでで何か質問はありますか？

トミー：⑨合成生物学者たちの目標は何でしょうか？　何かまったく新しい生物を創造しようとしているのでしょうか？

ホリンジャー：⑩一般的に言って、彼らは組み換えDNA ——すでに知っているさまざまな材料を、継ぎ合わせたゲノム——を扱います。有名なヴェンター氏、この人についてはきっと読んだことがあるでしょうけれど、このような科学者たちが今やろうとしていることは、生物の最も基本的な型を組み立てることなのです。一連の試験——非常に長い一連の試験——を行い、1組の遺伝子を除去し、その組織がそれでもなお生存するか調べます。その後、別の1組、さらに別の1組と試し、生命にとって最も基本的な1組と考えられる遺伝子を見つけるまで続けます。

⑪次のステップは、この超単純なゲノムを細胞に挿入することです。ここでもまた、私たちは、トップダウンからスタートします。そこで、私たちは生細胞を用いますが、これは細胞核から遺伝物質を取り除かれています。新しいDNAを挿入すれば、理論上は、細胞機構が引き継いで残りを行い、分裂して、新たな単細胞生物を複製します。

(B)

[設問から得られるヒント]
(A) に関連する内容なのだから、細胞や遺伝子といった要素が出てくるだろう。ただし、設問から、専門的な話というよりもそれら対する個人の意見を問われていると判断できる。

[設問ごとのリスニングポイント]
(6) まず、Professor Hollinger という固有名詞をカギにしよう。その上で Tommy の発言に的を絞るとよさそうだ。
(7) まずは Tommy の意見に注目。single-celled organism やそれに準ずる語句をポイントにしておこう。
(8) 設問中の virus というキーワードが会話に出てくると予測して、待ち構えて聞こう。
(9) 今度は Gina の意見が設問になっている。彼女の発言を中心に該当個所を探そう。
(10) 設問にある main problem、あるいはそのパラフレーズをキーワードにしよう。選択肢からは絞りようがないので、ここは頑張って聞き取るしかない。

(6) 正解：a)

トミーは、ホリンジャー教授は……タイプの人物だと考えている。

a) 科学を最優先している
b) 倫理が科学の基盤だと信じている
c) 討論するのを好まない
d) 組み換え型 DNA 技術を発見した
e) SF 小説をたくさん読みすぎる

解説

冒頭での「ゲノムについて討論するだろうか」というジーナの問いに対して、トミーは I don't think Professor Hollinger sounds like that kind of person. I figure she's all about the science.（ホリンジャー教授はそういうタイプの人には思えない。彼女には科学がすべてだろう）と答えている。all about ~ で「~がすべてで」という意味。よって、a) が正解。

(7) 正解：d)

トミーは、単細胞生物を創造しようとしている人々は……と言っている。

a) 人類にとって恐ろしいものを生み出してしまうかもしれない
b) それを完成するまでに長い時間を費やすだろう
c) 世界を SF 映画のような状況に変えてしまうかもしれない
d) 自然に起こったことをやろうとしている
e) 倫理的な問題を議論し始めるべきである

解説

「ボトムアップ」型の研究で造られるかもしれない新しい生命を、恐ろしいと言うメグ。それに対してトミーは、people trying to build a single-celled organism are basically trying to re-create what was done by nature over the course of 3 billion years.（単細胞生物を組み立てようとしている人々は、基本的には、30億年の間に自然に成されたものを再び創造しようとしている）と答えている。正解は d) だ。

（8）正解：e）

会話中でウイルスについてはどんなことが言われているか。

a）複雑な生物である。
b）生きていると見なされる。
c）まだ合成されていない。
d）30億年にわたって進化してきた。
e）人々に死をもたらすことがある。

解説

会話の中盤でジーナが look how simple a virus is, and they kill people（ウイルスはあんなに単純なのに人を殺す）と言っているので e) が正解。続くトミーの発言から、b) と c) は誤りだと分かる。30億年の進化を遂げたと述べられているのは単細胞生物なので d) も誤り。

（9）正解：d）

ジーナによると、人に作られた生物は……べきだ。

a）燃やされる
b）ほかの実験に使われる
c）一掃される
d）燃料を作るために使われる
e）一般の人々にとって利用可能にされる

解説

後半のジーナの発言 I know that the real goals are に続いて、いくつか列挙されている。to use these creatures to create biofuels and clean up the atmosphere and whatever else（バイオ燃料を作ったり、大気を浄化したり、それ以外のさまざまなことのためにこれらの生命体を利用する）と言っているので、明言されている中で d) が正解である。

（10）正解：c）

トミーによると、主要な問題は……ということである。

a）人間の体が実験に耐えられない
b）その実験が国際的に禁止されている
c）世界的に認められた法的枠組みがない
d）当局による管理が厳し過ぎる
e）ウイルスを壊滅することは不可能である

解説

トミーの最後の発言で the real problem with arguing ethics is that, … there is no international body to pass laws or watch over everyone's research.（倫理について議論することの本当の問題は、法律を制定したり、1人1人の研究を監視したりする国際的な組織がないということだ）と言っている。これをパラフレーズした c) が正解。

(B) Gina Tommy Meg

Gina: So, what do you think, Tommy? Is this class going to turn into an endless argument on the ethics of all this fiddling with genomes?

Tommy: I don't know, Gina. I don't think Professor Hollinger sounds like that kind of person. I figure she's all about the science. At least I hope so.

Gina: Seriously? Are you telling me you don't think we should discuss it? I mean, we're talking about creating life here!

Tommy: Well, no, not really. I think we're pretty much sticking to recombinant DNA studies and the processes behind that. That's not so much creating life as it is altering it. What do you think, Meg?

Meg: Well, that has enough ethical issues to worry about as well. But the whole "bottom-up" approach Professor Hollinger talked about early on — that's some scary stuff. I mean, even if we're years away from it, who knows what they could end up creating? It could end up being a microbe that wipes out every person on the planet.

Tommy: I think you watch too much sci fi, Meg.

Meg: I mean, there ought to be caution, and that's true of all sciences.

Tommy: Look at it this way — people trying to build a single-celled organism are basically trying to re-create what was done by nature over the course of 3 billion years. That's a long time. Those first cells had no predators, no defenses, no complexity. Something like that just wouldn't survive now.

Gina: But look how simple a virus is, and they kill people all the time.

Tommy: Well, first of all, a virus isn't technically alive, right? It's just a bit of RNA in a protein shell. Besides, we've already managed to synthesize viruses. But take the amoeba, for example. It's a pretty complex thing for a one-celled creature. I mean, it isn't only animals that evolve. Microbes do, too. An amoeba has 3 billion years of evolution on its side. It's like a tank among microbes. Our brand-new cell? It would be like a ... a tricycle!

Gina: Hmm. Maybe. Then I suppose that means that gene splicing is a bit scarier, since you could take a microbe that was dangerous already and make it worse.

Tommy: Yeah. I can't argue with you there.

Gina: Right? I mean, I don't know if I believe that the research shouldn't be done. I think it's important. And I know that the real goals are to use these creatures to create biofuels and clean up the atmosphere and whatever else. The problem is, if there are other ways of using this technology, people will experiment with it.

Tommy: Probably, but the real problem with arguing ethics is that, even if people agree with you, there is no international body to pass laws or watch over everyone's research. I mean, say one country outlaws the creation of new genomes — another country will just take up the slack.

Gina: Exactly. And that's the reason I do hope we get involved in an ethical debate in this class, because it must get discussed somewhere.

Meg: Right. This is probably the best place to start.

ジーナ：それで、トミー、あなたはどう思う？　この授業では、ゲノムをこんなふうにあれこれもてあそぶのが倫理上どうなのか、際限なく議論することになるのかしら？

トミー：どうだろうね、ジーナ。ホリンジャー教授はそういうタイプの人のようには思えないけど。彼女には科学がすべてだと思うな。少なくとも、僕はそう願っているよ。

ジーナ：本気？　あなた、このことについて話し合うべきだとは思わないの？　だって、今、生命体の創造のことを話しているのよ！

トミー：いや、別にそういうわけじゃないよ。僕が思うに、僕たち（人間）は、組み換えDNAについての研究と、その背後のプロセスにかなり終始している。これは、生命体を変化させることであって、創造することではあまりないと思うよ。君はどう思う、メグ？

メグ：うん、でも、それだって、やはり憂慮すべき倫理的な問題が十分にあるわ。でも、ホリンジャー教授がさっき話した「ボトムアップ」型アプローチすべて―あれは、恐ろしいことね。だって、たとえそこまでに何年もかかるとしても、最終的に何を創造することになるかは、誰にも分からないじゃない？　最後には、地球上のあらゆる人間を消し去る微生物になるかもしれないのよ。

トミー：君はSF（映画）の見過ぎだと思うよ、メグ。

メグ：だって、注意が必要よ、これはすべての科学について言えることだけど。

トミー：こんな風に考えたらどうかな―単細胞生物を組み立てようとしている人々は、基本的には、30億年という時の流れの中で、自然に成されたことを再創造しようとしているんだ。これは長い年月だ。そういった初期の細胞には捕食者も、防御も、複雑さもなかった。今では、絶対に生き延びられないようなものだったよ。

ジーナ：でも、ウイルスがあんなに単純で、常に人々を殺しているのを考えてみてよ。

トミー：うん、まず、ウイルスは厳密に言えば生きていない、そうだろう？　あれは、タンパク質の殻の中に入ったわずかなRNA（リボ核酸）にすぎない。し

かも、僕たちはすでにウイルスの合成を成し遂げた。でも、例えばアメーバを見てみよう。これは、単細胞生物にしてはかなり複雑なものだ。つまり、進化するのは動物だけじゃない。微生物もするよ。アメーバには、30億年の進化（の歴史）がある。微生物の中では、戦車みたいなものだよ。僕たちの真新しい細胞？　それはきっと……三輪車みたいなものさ！

ジーナ：ふーん。そうかもね。それなら、すでに危険な微生物を取り上げて、それをさらに悪く（危険に）するということだから、実際には、遺伝子接合はさらに恐ろしいという意味になるじゃない。

トミー：うん。それについては議論できないな。

ジーナ：そうでしょう？　つまり、研究するべきではないのかどうか、自分でもはっきりと分からないのよ。重要だとは思うわ。それに、本当の目的は、バイオ燃料を作ったり、大気を浄化したり、それ以外のさまざまなことのためにこれらの生命体を利用することだとは知っている。問題は、この技術にほかの使用法があるのなら、実験に使うだろうということよ。

トミー：恐らくね、でも、倫理について議論する本当の問題は、たとえ人々が君に同意したとしても、法律を制定したり、1人1人の研究を監視したりする国際的な組織がないということだよ。つまり、1つの国が新しいゲノムの創造を禁止したとしても──どこか別の国が代わって実行するだけさ。

ジーナ：その通り。だからこそ、私たちはこの授業で倫理について議論を行うべきだと思うの。だって、どこかで議論されなければいけないから。

メグ：そうね。ここは恐らく、それを始めるには最適な場だと思うわ。

(C)

[設問から得られるヒント]
設問からmedia、bias、objectivityといったものがキーワードになると予想できる。
[設問ごとのリスニングポイント]
(11) media bias（メディアの偏向）は主題の1つと予想できるので、まず講義の冒頭で述べられる可能性が高い。
(12) 選択肢から、報道のあり方についての意見と考えられる。設問にsomeoneとあることから、特定の誰かの発言ではないことにも注意を向けよう。
(13) 設問のカギはcriticized（批判される）。どのような原因が述べられるか注意して聞こう。
(14) 設問ではeditors and reporters（編集者や記者）といった名詞が出てきているので、ある程度、具体的な話が例として挙げられるのだろうと考えられる。
(15) news talk show（ニュースのトークショー）が何らかの具体例として挙げられているようだ。この語句が出てくるのを予測して、リスニングに集中しよう。

(11) 正解：c)

話者によると、「メディアの偏向」は
a) 社会ではめったにない傾向である。
b) ジャーナリストが「客観性」と呼ぶものである。
c) 修正するのはそれほど簡単ではない。
d) みんなの協力を通じて作られる。
e) 明確に示され、簡単に修正される。

解説

第2段落の中盤にIf the decisions did come down, as it were, from a single individual, the bias would be clear and easy to correct.（もしもその判断が、言わば、ある1人の個人から下されるのであれば、その偏向は明確であり、修正も簡単でしょう）との1文がある。その直前のwho causes these decisions to be biased? Well, no one and everyone.（これらの偏った判断を下すのは誰でしょうか。そう、誰でもありませんが、誰もが下します）から、偏向を作り出すのは特定の個人ではない。つまり、修正は簡単ではなく、c)が正解である。

(12) 正解：b)

話者によると、誰かがあなたに……ように頼むのは、現実的ではない。
a) 読者や視聴者が宇宙から来たかのように事実を伝える
b) あなたが人間について何も知らないかのように物事を報道する
c) 記事をほかの言語で書く
d) 住宅街の外で起こっている事件を放送する
e) 情報を入手したら速やかにそれを広める

第4段落に答えがある。Anyone who tells you to report as though you were an alien living outside of human affairs is stating … one that is barely practicable in real life.（あなたがまるで人間に関わる事柄の外に生きる宇宙人であるかのように報道しろと言う人は、現実の世界ではほとんど実現できないことを述べています）とある。つまりその発言内容に無理があるという意味だ。よって、正解はb)。a)はas ifの節の主語がreaders or viewersなので誤り。

（13） 正解：e)

話者によると、記者はどんなことで批判されるか。
a) 話題について調査しすぎること。
b) 基本的な詳細を取材すること。
c) あまりに長い記事を書くこと。
d) 強盗に話し掛けないこと。
e) 記事から堕落した企業幹部側の情報を省くこと。

出題されているのは第6段落。a case about a major corporate figure stealing money from the corporation（企業の主要人物が会社のお金を盗む事件）について触れており、you would be expected to seek his or her standpoint. In fact, you would likely be criticized for not including it.（あなたはその人物の見地も探るよう期待されるでしょう。実際のところ、それを含めて書かないとしたらおそらく批判されるでしょう）とある。よって、e)が正解。

（14） 正解：a)

話者によると、編集者や記者による主観的な行動の1つとは……である。
a) 何を報道して、何を削除するかを決めること
b) 自分たちには偏見がないと宣言すること
c) 事実を見つけようと試みること
d) 紙面を埋めるために漫画を作ること
e) 異なる部署から2人の書き手を選ぶこと

第7段落で話が展開し、editor（編集者）、reporter（記者）の話題が登場する。その中で、Editors make subjective decisions every day about which stories to run and which to cut（編集者は毎日、どの話題を載せるか、どれをカットするかということについて、主観的な決定を下しています）とある。また、続く第8段落冒頭では、Reporters make the same kinds of decisions（記者たちは、同じ類の決定を行います）と述べられているので、a)が正解。

(15) 正解：d)

ニュースのトークショーの場面で、偏向していないと人々が思う理由は……からである。
a) すべての人が、気候変動は問題であると知っている
b) 視聴者は科学に関する知識がほとんどない
c) 科学者は番組が決めたことを言わされる
d) 双方から代表者が出ている
e) 話者の1人は多くの支持者を持つロビー活動者である

解説

講義の終盤にニュースの例が挙げられている。The audience feels that it is getting both sides of the story（視聴者には、その話題の両サイドについて取り上げているように感じられます）とある。視聴者は異なる意見を公平に聞いているように感じることを示している。よって、正解はd)である。

▶スクリプトと訳

(C)

① So, we've looked at some of the types of media bias that can be discerned in the news media. But now we're going to look at these kinds of issues at a more individual level.

② Keep in mind that "media bias" really refers to a general tendency in the media itself. This might be at a corporate level or on a broader basis, referring to the mainstream media. But who causes these decisions to be biased? Well, no one and everyone. If the decisions did come down, as it were, from a single individual, the bias would be clear and easy to correct. Yet just about anyone involved in serious journalism will tell you that the higher goal of reporting is to be as objective as possible.

③ Genuine objectivity is no easy thing. Certainly, it seems easy: you go out, research the story, find the facts, consider both sides and then report it. There you have it. Objective truth.

④ But reporters and editors are all human and heir to the human subjectivity. Anyone who tells you to report as though you were an alien living outside of human affairs is stating a fine ideal but one that is barely practicable in real life.

⑤ First of all, convention can work against a true objectivism. Imagine you are a newspaper writer covering a robbery. Your copy will be short. You will be expected to cover the basic details. But to be objective, you speak to the robber and get his side of the story ...

⑥ You see? You laugh. The idea seems ridiculous. Yet, if you were covering a case about a major corporate figure stealing money from the corporation, you would be expected to seek his or her standpoint. In fact, you would likely be criticized for not including it.

⑦ Objectivity is not only what you include in the story but what you omit. Editors make subjective decisions every day about which stories to run and which to cut, which stories to go on the front page and which to bury opposite the comics. Choosing to run a story is effectively a declaration on the part of the editor that the story is newsworthy.

⑧ Reporters make the same kinds of decisions in the stories they choose to follow up on, the people they choose to interview and the details they choose to include or omit. This can include attempts to make a report appear to be objective, while making it even more biased.

⑨ A perfect example of this occurs almost every day on news talk shows, where two people are chosen to represent two sides of an issue. It seems fair and balanced on the surface, and yet the two sides represented are not, in fact, equal sides at all.

⑩ Take the case of an environmental scientist in debate against someone from a petroleum lobby group who claims that climate change is not an issue. Scientifically, the vast bulk of evidence is on the side of the scientist, whose work is supported by thousands of other scientists worldwide. Yet the scientist is forced to defend his or her work against someone with clear anti-environmental interests and little understanding of the science. The audience feels that it is getting both sides of the story, yet the balance is a fiction.

⑪ We're going to look into some case studies related to these issues over the next week.

①さて、私たちはニュース・メディアにおいて見られることがある、いくつかのタイプのメディアの偏向について考察してきました。ですが今度は、これらの類の問題を、より個別の次元で考えていきましょう。

②覚えておいてほしいのは、「メディアの偏向」とは本来、メディアそのものにおける一般的な偏向を指すということです。これは1企業に関連することもあれば、より広い意味で、主流メディアを指す場合もあります。しかし、これらの偏った判断を下すのは誰でしょう？ そう、誰でもないし、そして誰もが該当します。もしもその判断が、言わば、ある1人の個人から下されるのであれば、その偏向は明確であり、修正も簡単でしょう。それでも、まじめなジャーナリズムに携わるほとんど誰もが、報道のより高い目標は、可能な限り客観的になることだと言うでしょう。

③本当の客観性は、簡単なものではありません。確かに、それは簡単に思えます。出掛けて行き、事件を調べ、事実関係を見つけ、双方の立場を検討し、報道する。はい、できあがり。客観的な真実です。

④しかし、記者や編集者は皆人間であり、人間的な主観性を継承する者です。あなたがまるで人間に関わる事柄の外に生きる宇宙人であるかのように報道しろと言う人は、美しい理想ではあっても、現実世界ではほとんど実現可能でないことを述べています。

⑤何よりも、慣習は真の客観主義にとって支障となる場合があります。あなたが強盗事件を担当する新聞記者だと想像してください。あなたの原稿は短いでしょう。あなたは基本的な内容だけを取材するよう期待されます。しかし、客観的であろうとして、あなたは強盗と話をし、彼の側の話も得ようとします……。

⑥ほら、分かるでしょう？ 笑いますよね。この考えは馬鹿げているように思われます。でも、もしもあなたが、企業の主要人物が会社のお金を盗んでいる事件を担当したら、あなたはその人の立場も調べることを期待されるでしょう。実際、もしもそのことを記事に書かなければ、あなたはおそらく批判されるでしょう。

⑦客観性は、あなたが記事の中に何を含めるかということだけではなく、何を省くかということでもあります。編集者は毎日、どの話題を載せるか、どれをカットするか、どの記事を一面に載せるか、漫画の対向ページにどの記事を埋めるかについて、主観的な決定を下しています。記事を載せるために選択することは、実質的に編集者の側から、その記事には報道価値があると宣言することなのです。

⑧記者たちも同じ類の決定を行います。追跡する話題を選び、インタビューする人々を選び、そして記事に入れるべき、または削るべき内容を選ぶ。ここには、報道をより一層偏ったものにしていながら、客観的に見せる試みが伴うと言えるでしょう。

⑨これについての最適な例は、ほとんど毎日、ニュースのトークショーで発生しますが、そこでは2人がある問題の両サイドを代表して選ばれます。表面的には公平でバランスが取れているように見えますが、それでも実際には、代表され

た双方は全然、平等ではないのです。

⑩ 環境科学者が、気候変動は問題ではないと主張する石油産業の圧力団体に属する誰かと討論する例を取り上げてみましょう。科学的には、科学者側に膨大な証拠があり、この人の研究は全世界で数多くの他の科学者たちの支持を得ています。それでもこの科学者は、明確に反環境的な利権を持ち、科学についてはほとんど理解していない相手に対して自分の研究を弁護するよう強いられるのです。視聴者には、話題について双方の意見を取り上げているように感じられますが、このバランスは虚構です。

⑪ 来週は、これらの問題に関連するいくつかの事例を検討していく予定です。

Comment from Kimutatsu

僕もリスニングがある程度できるようになったのは30歳を過ぎてからで、それまではできるフリをしていたのです。いろんな通訳養成学校に体験入学しながらリスニングの勉強法を体得して、毎日必ず5分でも英語を聞いては音読するのを繰り返したのです。気が付けばかなり聞き取れるようになっていました。一番大事なこと、それは毎日やることですね。

この **Trial Test 5** で前半戦も終了です。**170 wpm** のスピードには慣れたでしょうか？　付いていけないと感じたら、繰り返し聞いて練習しましょう。

🎧 13

(A)

これから放送するラジオのトーク番組を聞き、(1)〜(5)の問いに対して、それぞれ最も適切な答えを一つ選べ。

(1) According to Jessica Long, mental decisions are

  a) what she calls involuntary actions.
  b) necessary for a body's equilibrium.
  c) weaker than physical reactions.
  d) more powerful than physical needs.
  e) essential because they extend life spans.

(2) What conclusion was reached from the yeast genome experiment?

  a) Diets can be controlled.
  b) Genes can be removed from strains of yeast genome.
  c) Humans might be able to live 10 times longer.
  d) Yeast strains can live for more than 10 weeks.
  e) Life expectancies cannot be increased.

(3) In speaking about human life, Valter Longo says that in the future

  a) living 800 years will not only be possible but also natural.
  b) living 800 years will never come true.
  c) living 800 years will be possible, as is claimed by other scientists.
  d) living 800 years will never be realized unless all scientists work together.
  e) living 800 years will result in a lower quality of life.

(4) **According to Cathy Bradfield, what can be said about the restricted diet experiment?**

a) It was an achievement, although there were problems.
b) Scientists tried to hide the results because it could have been dangerous.
c) Animals that were fed the restricted diet ended up gaining weight.
d) This experiment can be applied to humans with identical results.
e) The quality of the animals' lives obviously improved.

(5) **What is one thing about Mr. Longo's claim that Jessica does NOT wonder about?**

a) What it might be like to live for hundreds of years.
b) Whether more great works of art would be created.
c) Would our memories be affected?
d) Whether we would worry more about our health.
e) Would we care more about preventing war?

🎧 14

(B)

これから放送するのは、(A) に関連する会話の模様である。(6) ～ (10) の問いに対して、それぞれ最も適切な答えを一つ選べ。

(6) **The speakers talked about several possible changes if humans were to live 800 years. One which was NOT mentioned is**

a) the way people think about marriage.
b) people's physical ability to reproduce.
c) ideas about career choice.
d) the instinctive desire to live even longer.
e) how long people can be fertile.

(7) **The phrase "the body clock" as used by Shane suggests**

a) people's ability to have children anytime.
b) a science-fiction concept of longevity.
c) a natural impulse to continue living.
d) sacrificing their own lives for someone else.
e) physically suitable ages for procreation.

(8) **According to Shane, the mind-body problem is**

a) a theory established a thousand years ago.
b) a theory about the relationship between flesh and spirit.
c) a theory that contains no contradictions.
d) a theory about people's desire for longevity.
e) a theory about how crucial a body's actions are for the quality of life.

(9) **The phrase "social reflexes" as used by Judy means**

a) something you can't explain in words.
b) each person's individual priority.
c) a feeling of affection for everyone.
d) doing something not just for oneself.
e) being concerned about consequences.

(10) **One thing NOT mentioned in the conversation about why people fall in love is that**

a) our bodies do not lose the urge to procreate.
b) the species would die out if they didn't.
c) it is very difficult to explain.
d) it is strictly related to reproduction.
e) people feel affection regardless of their age.

🎧 15

(C)

これから放送する講義を聞き、(11) 〜 (15) の問いに対して、それぞれ最も適切な答えを一つ選べ。

(11) **In reference to the lecture, which event did NOT occur in France in 1794?**

a) Some nationalist groups sought the country's expansion.
b) A new government was established.
c) A period of relative order ensued.
d) A new constitution was signed.
e) France forced Austria to give up its Italian territories.

(12) **Following the overthrow of the government in 1799, Napoleon in Paris**

a) was appointed king.
b) made a new constitution.
c) declared himself emperor.
d) ran away to Italy.
e) broke up the alliance with Russia.

(13) **Just before Napoleon became emperor, he started several reforms. One thing that he did NOT reform was**

a) industry.
b) education.
c) law.
d) finance.
e) agriculture.

(14) After revolts happened in some countries, the relationship between France and Russia soured because

a) France was busy reforming itself.
b) France was short of diplomats.
c) France ended their alliance.
d) France attacked Prussia in 1807.
e) France was defeated by Austria.

(15) According to the lecture, the speaker defined the Enlightenment as

a) something that should have made people and nations happier.
b) a movement that Napoleon successfully established.
c) a policy that the French government discussed.
d) the effects of what Napoleon had done.
e) an idea that always brings out the worst.

解き終わったら、次ページからの
解答と解説をチェック！

Trial Test 5
▶解答と解説

(A)

[設問から得られるヒント]
設問からは「これがテーマだ！」と断言できるだけの情報は得られない。下手にテーマを決めつけるよりも、集中して丁寧に聞くことを心掛けた方がよいだろう。

[設問ごとのリスニングポイント]
(1) mental は physical と比較される可能性がある。この単語は選択肢にも含まれているので、意識しておいて損はないだろう。
(2) 設問から、yeast genome について明らかになったことが述べられると予測できる。
(3) Valter Longo という人名を待ち構えよう。また、選択肢から、ほかの科学者との関係にも注目。
(4) 前問の選択肢に scientist が出ている。その流れで科学実験について説明されると考えられる。この流れを見失わないように気を付けよう。
(5) Jessica が知りたいと思っていないことを問われているので、その発言中で挙げられたことを除外していこう。

(1) 正解：c)

ジェシカ・ロングによると、精神的な決定は

a) 彼女が無意識の運動と呼んでいるものである。
b) 体の平静に必要である。
c) 肉体的な反応よりも弱い。
d) 肉体的な欲求よりも強力である。
e) 寿命を延ばすために必須である。

解説

ジェシカの2番目の発言の「死ぬまで呼吸を止めることはできない」というくだりで述べられている。Eventually your physical self will triumph over any mental determination you have.（結局は肉体的な自己が、あなたの下すあらゆる精神的な決定を打ち負かしてしまう）を言い換えた c) が正解である。

(2) 正解：c)

酵母菌ゲノムの実験でどのような結論に達したか。

a) 栄養摂取は管理できる。
b) 遺伝子は酵母菌株から取り除くことができる。
c) 人間は10倍長く生きることが可能かもしれない。
d) 酵母菌株は10週間よりも長く生きることができる。
e) 寿命は延びる可能性がない。

ジェシカの2番目の発言でBy removing a couple of genes from a strain of yeast genome and controlling its diet, they increased its life expectancy from one week to 10 weeks. Future human generations might also be able to live 10 times longer.（1株の酵母菌のゲノムからいくつかの遺伝子を取り除き、栄養摂取を管理することにより、彼らは菌の寿命を1週間から10週間に延ばしました。間もなく、将来の世代の人類も寿命が10倍に延びるかもしれません）に答えがある。酵母菌は10週間以上生きないので、d)は誤り。

(3) 正解：a)

人類の命についての話の中で、ヴァルター・ロンゴは、将来……と述べている。
a) 800年生きることは可能なだけでなく、自然である
b) 800年生きることは実現不可能だろう
c) 800年生きることは、ほかの科学者が主張するように可能となるだろう
d) 800年生きることは、すべての科学者が協力しない限りは絶対に実現しないだろう
e) 800年生きることは、生活の質の低下につながるだろう

ヴァルター・ロンゴの話題が出るのはトーク中盤。酵母菌の寿命を延ばした件に触れ、Valter Longo, … says that a human lifespan of 800 years is not just possible but inevitable.（ヴァルター・ロンゴは、800年の人間の寿命は、可能なだけではなく必然だと言っています）という発言が紹介されている。つまり、a)が正解。b)、d)はこれに反するし、続く文ではほかの科学者が彼の説に反対していることが述べられているので、c)も不適切。

(4) 正解：a)

キャシー・ブラッドフィールドの話から、制限したえさを与える実験に関してどんなことが言えるか。
a) 問題はあったものの、成果は挙げた。
b) 危険を及ぼし得るため、科学者は結果を隠そうとした。
c) 制限したえさを与えられた動物は、最終的に体重が増えた。
d) この実験はそのまま人間にも適用でき、同一の結果をもたらす。
e) 動物の生活の質が明らかに上がった。

カロリー制限を用いた実験についてはトーク後半のキャシーの発言中でthey've had success in extending the lives of mice and other, less complex life forms.（ハツカネズミや、ほかにもより単純な生命体の寿命を延ばすことに成功している）とあり、成果を挙げていることが述べられている。ただし、直後の文はHoweverで始まり、さらにthe quality of life for these animals was greatly reduced（これらの動物の生活の質は、大きく下がった）と問題点も指摘しているので、a)が正解。

(5) 正解：d)

ロンゴ氏が主張したことのうち、ジェシカが知りたいと思っていないことは何か。
a) 何百年も生きるとはどんな感じか。
b) さらに偉大な芸術作品が創造されるかどうか。
c) 私たちの記憶力に影響はあるか。
d) 私たちが自らの健康をもっと気にかけるかどうか。
e) 戦争を回避することにもっと気を配るようになるか。

解説

ジェシカが最後の発言で触れた事柄のうち、wonder what it might be like to live for centuries（何世紀も生きるのはどんな気持ちがするのか）、Would we become more apathetic about things like war and poverty, or more determined to change them?（戦争や貧困についてもっと無関心になるか、それとも変えようという決意が強まるか）、Would musicians, artists or novelists create masterpieces?（音楽家や芸術家、小説家は傑作を創造するか）、How would our memories be affected?（記憶力には影響があるか）がそれぞれ a)、e)、b)、c)に該当する。触れられていないのは d)なので、これが正解。

▶スクリプトと訳

(A) 13 Jessica Cathy

Jessica Long: Good evening, everyone, and welcome to "Science Today". I'm your host, Jessica Long, and here with me is Cathy Bradfield, the chief editor of The Future Science Journal. Hi, Cathy.

Cathy Bradfield: Hi, Jessica. Thanks for inviting me.

Jessica: Today, we'll talk about longevity. It's the nature of all living things to try to continue living. Our bodies can't do otherwise than to fight for life. For example, it's not possible to simply hold your breath until you die because breathing is an involuntary action. Eventually your physical self will triumph over any mental determination you have. While life expectancy has increased with improved medicine, in the field of genetic engineering, some scientists have made startling claims. By removing a couple of genes from a strain of yeast genome and controlling its diet, they increased its life expectancy from one week to 10 weeks. Future human generations might also be able to live 10 times longer.

Cathy: Valter Longo, of the University of Southern California, who was responsible for the work on yeast, says that a human lifespan of 800 years is not just possible but inevitable. Other gerontologists — those who study aging — reject Longo's claims out of hand. They say he's conveniently ignoring all previous research and findings on human pathology and age-related disease. They also say Longo is relying on science fiction, as if it were possible to constantly repair and replace human body parts.

Jessica: But more conservative estimates of increased longevity have come from those researching the effects of restricting the calories in an organism's diet.

Cathy: Yes, they've had success in extending the lives of mice and other, less complex life forms. However, they also note that the longer-living animals' behavior changed accordingly. They suggest the quality of life for these animals was greatly reduced in comparison to the ones with a normal diet. It's worth cautioning that none of the scientists denies the fact that humans and the other life forms are not directly comparable.

Jessica: I see. Regardless of the incomparability of humans and yeast, Mr. Longo's claims do capture the imagination, don't they? They make you wonder what it might be like to live for centuries. Would we become more apathetic

121

about things like war and poverty, or more determined to change them? Would individuals continue to develop mentally? Would musicians, artists or novelists create masterpieces? How would our memories be affected?

Cathy: Perhaps there's a time limit on retaining memories. When you consider how unclear childhood memories already are, it seems likely the first generation to reach 800 wouldn't even remember their own parents. With all things considered, how many of us would want to live that long?

ジェシカ・ロング：こんばんは、みなさん、「サイエンス・トゥデイ」にようこそ。ナビゲーターのジェシカ・ロングです。今回ご同席くださっているのはキャシー・ブラッドフィールドさん、『未来の科学ジャーナル』の編集長です。ようこそ、キャシー。

キャシー・ブラッドフィールド：こんばんは、ジェシカ。お呼びいただいてありがとう。

ジェシカ：今日は寿命について話します。生き続けようと努力するのはあらゆる生き物の本質です。私たちの身体は生命のために戦うほかありません。例えば、死ぬまでただ息を止めていることはできません。なぜなら、呼吸は無意識の運動だからです。結局は肉体的な自己が、頭で決心したことを打ち負かします。医学の進歩により寿命が延びた一方で、遺伝子工学の分野では、一部の科学者が驚くべき考えを主張しています。1株の酵母菌のゲノム（DNAの全遺伝情報）からいくつかの遺伝子を取り除き、栄養摂取を管理したところ、菌の寿命は1週間から10週間に延びたといいます。人間も将来の世代で10倍長く生きることが可能かもしれません。

キャシー：その酵母菌研究の責任者だった、南カリフォルニア大学のヴァルター・ロンゴによると、人間の命は800年続くことが可能であるだけでなく、必然でもあるそうです。他の老年学者――老化を研究する人々ですが――彼らは、ロンゴの主張を言下に否定しています。人間の病理学や年齢に関連する病気については従来の研究や調査結果があり、ロンゴは都合よくそれらを無視しているのだと。さらに、ロンゴが当てにしているのは、人間の体が一部を定期的に修復したり交換したりできるというサイエンス・フィクションだとも言っています。

ジェシカ：しかし、生物の摂取カロリーを制限して、どんな影響が出るか調査している研究者たちがおり、寿命の延びについてより保守的な予測を出していますが。

キャシー：ええ、彼らはハツカネズミや、ほかにもより単純な生命体の寿命を延ばすことに成功しました。しかしながら、もっと長く生きる動物の行動が、実験によって変化したことも指摘しています。こういった動物の生活の質が、通常の栄養摂取をする個体に比べて大きく下がったと示しています。人間とほかの生命体を直接には比較できないという事実について、どの科学者も否定して

いない点は注意に値します。

ジェシカ：なるほど。人間と酵母菌を比較するのが不可能であるにもかかわらず、ロンゴ氏の主張は十分に想像をかき立てますよね？　何世紀も生きるとはどんなものだろうかと思わせるのです。私たちは、戦争や貧困といったことに対して、もっと無関心になるのでしょうか、それとも変えようともっと強く決意するのでしょうか？　個人は精神的に成長し続けることができるでしょうか？　音楽家、芸術家、小説家たちは、傑作を創造するでしょうか？　私たちの記憶力はどのような影響を受けるのでしょうか？

キャシー：恐らく記憶の維持には時間的な限界があります。子どものころの記憶が既にどれだけ不明瞭であるかを考えれば、800歳に達する最初の世代は、自分の両親のことすら思い出せないのではないでしょうか。こういったすべてを考慮に入れて、そこまで長く生きたいと願う人がどれくらいいるでしょうね。

(B)

[設問から得られるヒント]
トピックは（A）に近いはず。ただし、後半の設問では、一見すると関連性の低そうな内容が問われているので、ここも決めつけ過ぎにはくれぐれも注意しよう。

[設問ごとのリスニングポイント]
(6) "NOT"がどれかという問題では、それを探すよりも、言及される内容を把握する。聞こえたものから消去して答えを出そう。
(7) Shaneがthe body clockをどんな文脈で用いているかに注意。
(8) mind-body problemなのだからb)が正解、と聞く前から決めつけるのは危険。引っ掛けである可能性も考慮し、しっかり聞こう。
(9) social reflexesという大ヒントが設問そのものに組み込まれているのだから、これをキーワードに追いかけていこう。
(10) ここも選択肢と合致する内容を拾い、消去法でいこう。

(6) 正解：d)

話者たちは、人間が800年生きた場合の考えられるいくつかの変化について話している。言及されていないのは……である。

a) 結婚に対する考え方
b) 人間の身体的な出産能力
c) 職業選択に対する見解
d) 長寿への本能的欲求
e) 人間の生殖可能な期間

解説

会話の冒頭からこの話が出てくる。アナベルが、現在の寿命の中ではIt's like we get one chance at everything. One career choice, one partner for life（どんなことにもチャンスは1回しかないようなものよ。職業の選択は1回、一生に1人のパートナー）と言っているのでa)、c)が外れる。その後のシェーンのpeople's ability to have children wouldn't differ from what it is now.（人間が子どもを持つ能力は今とは変わらないだろう）、アナベルのwe could remain fertile for hundreds of years（何百年も生殖可能かもしれない）から、b)、e)も消えて、残ったd)が正解となる。

(7) 正解：e)

シェーンが述べた「体内時計」という表現は……を示唆している。

a) 人間がいつでも子どもを持てること
b) 寿命についてのサイエンス・フィクション的な概念
c) 生き続けたいという自然な衝動
d) 他人のために自分自身の命を犠牲にすること
e) 身体的に生殖に適した年齢

解説

シェーンの2番目の発言にある、the body clock wouldn't change, which means

people's ability to have children wouldn't differ from what it is now. (体内時計が変わらないなら、人間が子どもを持つ能力は今と変わらないだろう) に対して、アナベルが if you accept the science-fiction concept of living to 800, you might as well accept that we could remain fertile for hundreds of years, too. (もしも800歳まで生きるというサイエンス・フィクション的な概念を受け入れるなら、数百年の間、生殖能力を保てることを受け入れてもいい) と返している。つまり、シェーンは「体内時計」という表現によって、身体的に限られた生殖能力を示している。

(8) 正解：b)

シェーンによると、心身問題は……である。
a) 1000年前に確立された説
b) 肉体と精神の関係についての説
c) 矛盾を含まない説
d) 人々の長寿への願望についての説
e) 身体の行動が生活の質にとっていかに重要かに関する説

解説

中盤のアナベルの発言に、シェーンが By suggesting the mind is different from the body, you're making a massive assumption there (心は身体と違うということを示唆することによって、君はそこで大きな仮定を立てている)、It's known as the mind-body problem. (それは心身問題として知られている) と説明しているので、b)が正解。

(9) 正解：d)

ジュディが使った「社会的な反射作用」というフレーズは、……を意味している。
a) 言葉では説明できない何か
b) それぞれの人の個人的な優先事項
c) すべての人への愛情
d) 自分だけのためではなく何かをすること
e) 結果を心配すること

解説

他人を助けるために命を投げ出す行為などに話が至ったところで、ジュディが自身の理論を展開。things such as parents putting their child's life before their own in an emergency … I think, is a type of social reflex. Individuals stop putting themselves first for the greater good of the society. (緊急事態で親が自分の命よりも子どもの命を優先させるようなことは……ある種の社会的な反射作用だと思う。社会のより大きな善のために、個人が自分を1番に考えることをやめる) と言っているので、d)が正しい。

（10）正解：d）

人が恋に落ちる理由について会話で言及されていないのは、……ということである。
a）人間の身体は子どもを作る欲求を失わない
b）そうしなければ人類は死滅するだろう
c）それを説明するのは非常に難しい
d）それは繁殖と密接な関係がある
e）人間は年齢と関係なく愛情を感じる

解説
会話の終盤に登場する話題からの出題。「なぜ恋に落ちるか」というジュディの問いに、アナベルが If they didn't, human beings would die out.（もしそうでなければ、人類は死滅するでしょう）と言うが、シェーンが it's not uncommon to hear of people in their 60s and 70s, and even older, getting married or falling in love.（60代とか70代、そしてもっと高齢の人が結婚したり恋に落ちたりする話を聞くのは珍しくない）と返している。つまり、会話では d）と逆のことが話されているので、これが正解となる。ほかの選択肢にある内容はすべて触れられているので、確認しておこう。

▶スクリプトと訳

Shane: Living 800 years is certainly a thought-provoking concept.

Annabel: Yes, Shane, but in the unlikely event that it did become possible, I think that what it means to be human would change dramatically. At this moment, our lives seem to pass by so rapidly. It's like we get one chance at everything. One career choice, one partner for life ... So, for example, attitudes toward marriage would change. Young adults would take time finding a longer-term relationship. There would be no need to rush into marriage in their mid-20s or 30s.

Shane: Well, but the body clock wouldn't change, which means people's ability to have children wouldn't differ from what it is now.

Annabel: No, I suppose not, although if you accept the science-fiction concept of living to 800, you might as well accept that we could remain fertile for hundreds of years, too.

Judy: Perhaps the idea is just too fantastic, Annabel, and we'd be better off discussing why people want to live longer in the first place.

Annabel: Well, Judy, like the speaker said, it's not really a choice we make; it's a natural impulse that our body dictates — all living things do their utmost to continue living.

Judy: How do you explain suicide then? Or people sacrificing their own lives to save someone else?

Annabel: That's when the mind takes over — the physical body doesn't choose to die.

Shane: By suggesting the mind is different from the body, you're making a massive assumption there — one that has divided philosophers for thousands of years. It's known as the mind-body problem. If the mind isn't part of the body, what is it? How can something that isn't part of the body affect the body's actions?

Annabel: Well, maybe our thoughts, or mind, are part of our body, then.

Judy: If you accept that idea, then that contradicts what you just said — that "all living things do their utmost to continue living."

Annabel: Hmm. I can see you've thought about this. So, why do you think people want to live longer?

Judy: Actually, Annabel, I basically agree with you, but I can't solve the mind-body problem either. I think there are social reflexes as well as bodily ones.

Shane: What do you mean?

Judy: It's my own theory, as far as I know, but things such as parents putting their child's life before their own in an emergency — you know, rushing back into a burning house regardless of the consequences — I think, is a type of social reflex. Individuals stop putting themselves first for the greater good of the society.

Annabel: Isn't that just love?

Judy: Yes, I suppose it's one aspect of love, but we've even less chance of explaining love than we have of solving the mind-body problem! Why do people fall in love?

Annabel: If they didn't, human beings would die out.

Shane: It's not just related to reproduction, is it? I mean, it's not uncommon to hear of people in their 60s and 70s, and even older, getting married or falling in love.

Annabel: Then maybe our bodies retain the instincts that lead to procreation even when we're no longer physically capable of reproducing.

Judy: If we really want to get anywhere in trying to understand these things, I think we're going to have to think about them for a bit longer.

Shane: Yeah, a bit longer. I'd say at least 800 years.

シェーン：800年も生きるなんて、確かに刺激的な考えだな。

アナベル：そうね、シェーン、でも実際にそれが可能になるという起こりそうもない出来事が起これば、それが人間にとって意味することは劇的に変わるだろうと思うわ。現時点では、私たちの一生はあまりに早く去っていくように思えるわ。どんなことにもチャンスは1回しかないようなものよ。職業の選択は1回、一生に1人のパートナー……。だから、例えば結婚に対する姿勢は変わるでしょう。若い人は時間をかけて、今よりも長く一緒にいる関係を見つけるだろうと思う。20代の半ばや30代で急いで結婚する必要はなくなるでしょう。

シェーン：うーん、でも体内時計は変わらないだろう。つまり、人間が子どもを持つ能力が今とは変わらないということだよ。

アナベル：ええ、変わらないでしょうね。ただ、もしもあなたが800歳まで生きるというサイエンス・フィクション的な概念を受け入れるとしたら、私たちが数百歳まで生殖能力を保てることを受け入れてもいいでしょう。

ジュディ：たぶん、この考えは少し空想的に過ぎるわ、アナベル、そもそもなぜ人々がもっと長く生きたいと望むのかについて議論した方がいいわよ。

アナベル：そうね、ジュディ、それは話し手が言った通りで、本当は私たちが選ぶことではない。つまり、身体が命じる自然な衝動なのよ―あらゆる生き物

は生き続けるために最善を尽くすの。

ジュディ：じゃあ、あなたは自殺をどう説明するの？　あるいは、他人を助けるために自分の命を犠牲にする人々のことは？

アナベル：それは心が支配しているときよ─肉体は死ぬことを選択しないわ。

シェーン：心は身体と違うということを示すなら、君はそこで大きな仮定を立てている─何千年もの間、哲学者たちを分裂させた仮定だ。それは心身問題として知られている。もしも心が身体の一部でないなら、それは何だろう？　身体の一部ではない何かが、どうやって身体の動きに影響を与えることができるのか？

アナベル：うーん、それならたぶん私たちの思考、あるいは心は、身体の一部なのね。

ジュディ：もしもその考え方を受け入れるなら、あなたが今言ったこと─「あらゆる生き物は生き続けるために最善を尽くす」ということと矛盾するわよ。

アナベル：うーん。あなたがこのことについて考えてきたのは分かったわ。じゃあ、人々がもっと長く生きたいと思うのはなぜだと思う？

ジュディ：実はね、アナベル、私は基本的にあなたに同意しているけれど、でも私も心身問題を解決できないのよ。肉体的な反射作用と同様に、社会的な反射作用があるんじゃないかしら。

シェーン：どういう意味？

ジュディ：私の知る限りでは、それは私自身の理論なのよ。でも、緊急事態で親が自分の命よりも、子どもの命を優先させるようなことは─ほら、燃えている家の中へ結果も考えずに飛び込んでいくとかね─ある種の社会的な反射作用だと思う。個人が、社会のより大きな善のために、自分自身を1番に考えるのをやめるの。

アナベル：それは単に愛じゃないの？

ジュディ：そうね、愛の一面でしょう。でも、愛を説明するのは、心身問題を解決することよりももっと機会が少ないわよ！　人はなぜ恋に落ちるのかしら？

アナベル：もしそうしなければ、人類は死滅しちゃうでしょう。

シェーン：単に生殖に関わるだけじゃないからだよね？　つまり、60代とか70代、そしてもっと高齢の人が結婚したり恋に落ちたりする話を聞くのは珍しくないよ。

アナベル：それならたぶん、私たちの体は、身体面ではもはや生殖能力がなくなったときですら、生殖に向かう本能を持ち続けるのね。

ジュディ：私たちがこういったことを理解しようとして、本当に何らかの答えを得たいなら、もう少し長い間考えてみなければならないと思うわ。

シェーン：ああ、もう少し長くね。そうだな、少なくとも800年かな。

(C)

[設問から得られるヒント]
設問からはNapoleon（ナポレオン）やFrance（フランス）といった語がテーマになると考えられる。また、(15) にあるthe Enlightenment（啓蒙主義）もチェックしておいた方がよさそうだ。

[設問ごとのリスニングポイント]
(11) 漠然とした設問だが、5つのうち1つが述べられていないのだから、1794年に起こった出来事から削っていこう。残ったものが正解だ。
(12) 「ある出来事の後」という出題のされ方なので、時系列をしっかりと意識することが大切。
(13) 改革が行われた分野の列挙が予想される。パラフレーズも考えながら集中しよう。
(14) France、Russiaといった固有名詞は聞き取りやすいはず。これらとrelationshipやそれに類する語をポイントに聞いていこう。
(15) ほかの設問と内容的に大きな違いが見えるので、問われる段落が変わっていると考えよう。また、(C) の5問目でもあることから、全体のまとめに入っていることが予想できる。

(11) 正解：e)

講義によると、1794年にフランスで起こらなかったことはどれか。

a) 国家主義的な集団が国の拡大を求めた。
b) 新たな政府が設立された。
c) 比較的秩序のある時期が続いた。
d) 新しい憲法が制定された。
e) フランスがオーストリアにイタリアでの領地を放棄させた。

解説

第2段落で1794年の出来事が述べられる。イタリアにおけるオーストリア領を放棄させるのは、第3段落にthe French finally defeated Austria, forcing it to sign a peace treaty in 1797 and to give up its Italian territories.（1797年にはオーストリアに講和条約を結ばせて、イタリア内での領地を放棄させました）とあるように、3年後。よってe)が当てはまらない。

(12) 正解：b)

1799年に政府を転覆した後、パリのナポレオンは

a) 王に任命された。
b) 新しい憲法を作った。
c) 自ら皇帝であると宣言した。
d) イタリアへと逃げた。
e) ロシアとの同盟を破棄した。

解説

第3段落最後の1文がカギ。戦争に敗れたナポレオンがパリに逃げた、と述べた上で、There, in 1799, Napoleon overthrew the government and created yet another constitution, becoming in effect a dictator.（そこで、1799年、ナポレオンは政府を倒し、また新しい憲法を制定し、実質的な独裁者となりました）とある。選択肢の中で、これに当てはまるのはb)だ。権力を握ったことは把握できるが、a)のように王に任命されたとも、この年にc)のように宣言したとも言われていないので、これらは誤りである。

（13）正解：a)

ナポレオンは皇帝になる直前、いくつかの改革を始めた。彼が改革していないのは……である。
a）工業
b）教育
c）法律
d）金融
e）農業

解説

第5段落冒頭で、ナポレオンが改革を施した分野が列挙されている。挙げられているのは、financial, agricultural, educational and legal reforms in France（フランスでの金融、農業、教育、そして法律上の改革）である。よって、この中に含まれていないa)が正解。シンプルな問題なだけに、確実に聞き取らないと落としてしまうので注意。

（14）正解：c)

いくつかの国で反乱が起こった後、フランスとロシアの関係は悪化した。なぜなら、……からである。
a）フランスは自国の改革で忙しかった
b）フランスは外交官が足りていなかった
c）フランスは両国の同盟を終わらせた
d）フランスは1807年にプロイセンを攻撃した
e）フランスはオーストリアに敗北した

解説

ナポレオン体制のほころびについて語られる第6段落に注意。反乱やゲリラが起こったと述べられた後で、he antagonized Russia, broke up the alliance and decided to invade it.（彼はロシアを敵視し、同盟を破棄して、ロシアへの侵略を決定した）とある。broke up the alliance（同盟を破棄した）をended their alliance（同盟を終わらせた）と表現したc)が正解。d)にある1807年は、フランスとロシアが同盟を結んだ年である。

（15）正解：a)

この講義によると、話者は啓蒙主義を……と定義した。
a) 人々と国々をより幸せにするべきだったもの
b) ナポレオンが成功裏に確立した動向
c) フランス政府が話し合った政策
d) ナポレオンがしたことの影響
e) 常に最悪のものをもたらす考え

解説

最後の段落で話者が話をまとめる。冒頭で As you can see, the Enlightenment, which should have brought out the best in people and nations, certainly brought out the worst.（ご覧の通り、啓蒙主義は人々と国々にとって最善のものをもたらすはずだったが、確実に最悪のものをもたらした）と述べている。つまり、話者は the Enlightenment（啓蒙主義）について a) の考えを持っていたことになるので、これが正解。

▶スクリプトと訳

(C)

① OK, class. If you will remember, last week we talked about the ideas of the Enlightenment, which stressed freedom and equality and which led to a revolution, first in the American colonies, which officially won their independence in 1783, and then in Europe, where, France created its first constitution and declared "liberty, equality, fraternity." Last week, we talked about how the French Revolution led that country through a reign of terror and reform to the creation of a republic. Today, we will talk about the dictatorship and wars that resulted from that revolution.

② Now, recall that in July 1794, France experienced a political reaction against the excesses of its revolution, leaving it with another constitution and a new government. Though this period saw a return of internal order, there remained nationalistic groups who wanted French expansion and who supported Napoleon Bonaparte's rise to absolute power and the Napoleonic wars that followed.

③ From Corsica, Napoleon's good relations with the post-1794 French government and other important connections gained him command of an army that was sent to Italy to attack Austria's possessions there. After several battles, the French finally defeated Austria, forcing it to sign a peace treaty in 1797 and to give up its Italian territories. Napoleon also went to war in Egypt, where he won a great land victory, though the British navy soon defeated the French at sea, forcing Napoleon to escape to Paris. There, in 1799, Napoleon overthrew the government and created yet another constitution, becoming in effect a dictator.

④ Napoleon's next military action was in Italy, where Russian and Austrian armies had retaken parts of that country in 1799. After brilliant victories at Marengo and Hohenlinden, Napoleon forced the Austrians to make peace in 1801. He then pressured the British to sign a peace treaty in 1802, receiving in return all the colonies that France had lost to Britain during the war.

⑤ Ever ambitious, after initiating financial, agricultural, educational and legal reforms in France, Napoleon declared himself emperor in 1804 and then instigated new wars. In 1805, he defeated Austria and Russia at Austerlitz, and, in 1806, he defeated Prussia. He had contemplated an invasion of Britain but gave up this idea when the British destroyed his naval forces at the Battle of Trafalgar in 1805. Instead, after this defeat, Napoleon invaded Spain and Portugal, occupying most of these two countries.

⑥ Unfortunately for Napoleon, France was short of manpower because of war-related casualties. Also, his aggression was causing discontent in France and guerrilla warfare in Spain. With Europeans aware of this, revolts broke out in several countries against the French: Austria began a new war against France in 1809, though it was defeated, and Prussia began its own reforms in preparation for war against France. Because of this, Napoleon should have created stronger ties with Russia, his ally since 1807. Instead, he antagonized Russia, broke up the alliance and decided to invade it.

⑦ As you can see, the Enlightenment, which should have brought out the best in people and nations, certainly brought out the worst. Now let's take a look at Napoleon's continental blockade and its effects. Then we will discuss the four campaigns: Napoleon's 1812 invasion of and retreat from Russia; his 1813 defeat in the Battle of Leipzig to a combination of Prussian, Austrian, Russian and Swedish forces; his battles against a combination of British and Dutch troops; and, finally, his defeat at Waterloo in 1815. Do you have any questions at this point?

①では、クラスのみなさん。思い出してみましょう、先週私たちは、啓蒙主義について話をしましたね。これは、自由と平等を重視しており、まずアメリカ植民地での革命につながりました。そしてアメリカは1783年に公的な独立を勝ち取りました。その後ヨーロッパでの革命につながり、フランスは国内初の憲法を制定、そして「自由、平等、博愛」を宣言しました。先週は、フランス革命がどのように、恐怖と改革の時代を経てこの国を共和国へと導いたかについて話しました。今日は、その革命の結果もたらされた独裁と戦争について話しましょう。

②さて、1794年7月、フランスは革命の行き過ぎへの反発として政治的な反動を経験し、その結果、新しい憲法と新しい政府が生まれたことを思い出しましょう。この期間、国内では秩序が戻ってきたものの、フランスの拡大を求める国家主義的な集団が残っていました。彼らがナポレオン・ボナパルトを支持して絶対的な権力へと上り詰めさせ、その後、ナポレオン戦争が起こったのです。

③コルシカ出身のナポレオンは、1794年以後のフランス政府との良好な関係と、そのほかにも重要な人的つながりによって、オーストリア領攻撃のためにイタリアに派遣された軍の指揮権を獲得しました。いくつかの戦いを経て、フランス軍はとうとうオーストリアを打ち負かし、1797年にはオーストリアに講和条約を結ばせて、イタリア内での領地を放棄させました。ナポレオンはエジプトでの戦争にも赴き、そこで陸地の大勝利を遂げました。しかし、間もなく海上でイギリス海軍がフランス軍を打ち破ったので、ナポレオンはパリに逃亡せざるを得なくなりました。そこで1799年、ナポレオンは自国政府を倒し、また新憲法を制定して、実質的に独裁者となったのです。

④ナポレオンは次の軍事行動をイタリアで起こしました。そこではロシアとオーストリアの軍隊が、1799年に再び国の一部を占領していました。マレンゴとホーエンリンデンでの圧勝の後、ナポレオンは1801年、オーストリアを和平に同意させました。彼はそれからイギリスに圧力をかけ、1802年に講和条約を結ばせて、戦争中にフランスがイギリスに奪われていた全植民地を返還させたのでした。

⑤常に野心を抱いていたナポレオンは、フランスで金融、農業、教育、そして法律上の改革を開始した後、1804年、自らを皇帝と宣言し、その後、新しい戦争を仕掛けました。1805年、ナポレオンはアウステルリッツでオーストリアとロシアを、そして1806年にプロイセンを打ち負かしました。彼はイギリス侵略をもくろんでいましたが、1805年のトラファルガーの戦いで、イギリスによって自国の海軍が壊滅的な打撃を被ったため、この考えをあきらめました。その代わり、この敗戦の後、ナポレオンはスペインとポルトガルを侵戦し、この2国の大半を占領しました。

⑥ナポレオンにとって不運なことに、戦争がもたらした死傷者のため、フランスは人的資源が不足していました。また、彼自身の攻撃性は、フランス国内に不満を、そしてスペインではゲリラ戦を引き起こしていました。ヨーロッパ諸国では人々がこれに気付き、数か国でフランスに対する反乱が起こりました。オ

ーストリアは負けたものの、1809年に新たに対仏戦争を開始しましたし、プロイセンは対仏戦争の準備として自国内の改革に着手しました。このため、ナポレオンは1807年以来の同盟国であったロシアと、より強い結びつきを形成しなければならないはずでした。ところが、彼はロシアに敵対し、同盟を破棄して、ロシア侵略を決定したのです。

⑦見ての通り、啓蒙主義は、人々と国々にとって最善のものをもたらすはずでしたが、確実に最悪のものをもたらしました。さて、ナポレオンの大陸封鎖とその影響を見てみましょう。それから、4つの戦役について議論しましょう。すなわち、ナポレオンによる1812年のロシア侵略とそこからの退却。プロイセン・オーストリア・ロシア・スウェーデン連合軍との間で1813年に起こったライプチヒの戦いでの敗北。イギリス・オランダ連合軍との戦い。そして最後に、1815年のワーテルロー（ウォータールー）での敗北です。この時点で何か質問はありますか？

Comment from Kimutatsu

前半が終了しました。まずはお疲れさま。次からはバックにいろんな音が入って、少し聞き取りにくくなります。クリアな音質でないとまだ自信がないという人は、前半の15個（Trial Test 5回分）の文章を、音量を少し落として聞き直してみよう。ここまで1回あたり何度音読しているかな？ 5回？ 10回？ せめて20回ずつぐらいは音読して後半に臨んでほしいな。

Welcome to Kimutatsu's Cafe 3

コラム「Kimutatsu's Cafe」では、
キムタツ先生のお知り合いの先生方に話を伺います。

リスニング、その先にあるもの

大槻欣史先生（OTSUKI, Yoshifumi）宮城県仙台二華中学校・高等学校 教諭

「リスニングとは？」と言うのは今さらではありますが、少々お付き合い下さい。

『ロングマン現代アメリカ英語辞典』によると、"listen" とは "to pay attention to what someone is saying or to a sound that you can hear" とのことです。ん～、「注意を払う」って、いまいちあいまいですね。では、"attention" をこの辞書で引いてみると、"the state of carefully listening to, watching, or thinking about something that is happening or what someone is saying or doing" だそうです。へ～、でも "careful" ってどの程度なんだろう。これも調べてみましょう。"trying very hard to avoid doing anything wrong or damaging or losing something" と強烈です。

リスニングって、実は非常にしんどい認知活動なんです。日常生活で考えてみても、親の小言や学校の授業はもちろん、親友からの相談事でも、人の話を聞くという行為はそんなに楽じゃないはずです。だって、トラブルを回避したり、何か大事なものを失わないように全身全霊をささげて相手の言い分を理解したりしなきゃいけないわけですから。

聞くことって、一見受動的な行為に思われがちですが、実は、ものすごく能動的な行為なのです。脈絡もなくいきなり耳に飛び込んできた音を頼りに、登場人物（男か女か、若者か年寄りか、等々）を特定し、状況（質問、謝罪、交渉、提案、等々）や情景（のんびり、急いで、険悪、等々）を判断し、さらに、自分の経験則をフルに活用し、話されている内容を理解しなくてはなりません。さらに、音声による言葉はどんどん消えていきます。常に新しい情報にさらされながらも、必要な旧い情報は残しておかなければなりません。必要ならばメモを取ることも必要です。

大学入試におけるリスニング問題（Listening Comprehension Test）だけを考えれば、それほど突飛な問題は出題されませんし、それなりの練習を積めば高得点は望めると思います。でも、それでいいのですか？

昔から「聞き上手は話し上手」と言われています。なぜなら、熟練した聞き手は、話の展開や論拠を瞬時に読みとることができるからです。リスニングの力を向上させたければ、両輪の片方である、人へきちんと思いを伝える（スピーキング）訓練も心掛けていく必要があります。これって、"communication"の原点だと思いませんか？

今回から後半戦です。**Trial Test 6から10**では、放送の背景にかすかにノイズが入っています。集中力を強化するつもりで取り組みましょう。

🎧 16

(A)

これから放送するのは、ある架空のニュース番組の一部である。これを聞き、(1) ～ (5) の問いに対して、それぞれ最も適切な答えを一つ選べ。

(1) **When did the news report take place?**

a) November 1.
b) In March.
c) At 9 p.m. in the evening.
d) The day after a bank robbery.
e) Before noon.

(2) **According to the reporter, Lef Greyson**

a) had problems with his employer.
b) was always complaining about his teachers.
c) was kicked out of school.
d) chatted loudly during classes.
e) was caught red-handed in the theft.

(3) **According to the reporter, one of the actions Lef Greyson took in Boston was**

a) eating expensive sweets.
b) buying some stocks.
c) having expensive dinners.
d) going to Haydn Symphony Hall.
e) working at Orchid Concert Plaza.

(4) **According to the reporter, one fact about Lef's trip to Syracuse is that**

    a) he spent all his money there.
    b) no one knows the reason he went there.
    c) the economy there was bad.
    d) somebody advised him to go there.
    e) he got a job as a concert hall doorman.

(5) **According to the reporter, what finally happened must have been that**

    a) he was run over by a truck.
    b) he was attacked at the opera house.
    c) he slipped on a snowy track.
    d) he was hit by a train.
    e) he froze to death.

🎧 17

(B)

これから放送するのは、（A）に関連したテレビの取材番組である。これを聞いて、（6）～（10）の問いに対して、それぞれ最も適切な答えを一つ選べ。

(6) **Terry Benson says, "We're all aware of the tragic details." One detail which is NOT included is**

    a) about the place Lef went with the money.
    b) that Lef was dismissed from school.
    c) the opinions of Lef's teammates at school.
    d) the situation when Lef was found.
    e) that Lef committed a crime at a workplace.

(7) **According to Ms. McNutt, Lef's problems at school did NOT include**

   a) a trick using a mouse.
   b) humming during a test.
   c) listening to music in class.
   d) skipping all his homework.
   e) making noises when teachers talked.

(8) **According to Tanya, Lef was accused of**

   a) some tricks done by Ms. McNutt.
   b) taking his pet mouse to school.
   c) blaming Ms. McNutt for his problems.
   d) getting bad results on his tests.
   e) a practical joke that another boy did.

(9) **In the interview, Tanya does NOT mention**

   a) how poor Lef's hometown was.
   b) how Lef was good at playing music.
   c) her idea about why Lef stole the money.
   d) that Lef should not have been blamed for an incident.
   e) that everyone except his teacher liked him.

(10) **Judging from the two interviews, it can be said that**

   a) Lef showed obvious signs that he would commit a crime.
   b) Randy Delaware did not confess to doing a trick.
   c) quite a few people knew that Lef liked music.
   d) Lef had problems both with his teachers and friends.
   e) Ms. McNutt was responsible for Lef's misbehavior.

🎧 18

(C)

これから放送する講義を聞き、(11) ～ (15) の問いに対して、それぞれ最も適切な答えを一つ選べ。

(11) One of the speaker's definitions of humor is

a) a normally tense situation.
b) an unexpected alteration of normal events.
c) something based on physiology.
d) jokes made from personal experience.
e) everything that leads to social problems.

(12) According to the speaker, one possible situation where you should NOT laugh is

a) when you are irritated.
b) when there is a strange occurrence.
c) when you are attending a serious ceremony.
d) when you are socialized enough.
e) when you are supposed to be helpful.

(13) According to the speaker, the passage about the sister and the remote control is humorous because

a) you know she wants you to fix it for her.
b) she is fooling you with a skillful lie.
c) the device is extremely heavy to carry.
d) you suspect she wants to carry it herself.
e) it is obvious her words are not true.

(14) **According to the speaker, "puns" are**

a) not always found funny.
b) sarcasm about other cultures.
c) mainly made about fish.
d) physical attacks that make people groan.
e) used only in the English language.

(15) **The speaker gives us several effects of humor. One which is NOT mentioned is that**

a) it can relax us when we are nervous.
b) some kinds of humor can cause unease.
c) it can help us get along with others.
d) humor can give us a feeling of inclusiveness.
e) it is indispensable to cultivate relationships.

解き終わったら、次ページからの
解答と解説をチェック！

Trial Test 6
▶解答と解説

(A)

[設問から得られるヒント]
指示文からニュースと分かる。設問内容から Lef Greyson という人名と、bank robbery というキーワードが浮かび上がる。

[設問ごとのリスニングポイント]
(1) いつ報道されているか、ニュース導入部で述べられるはず。聞き逃さないようにしよう。
(2) レフがニュースの中心人物であることは読み取れるので、彼の紹介は早い段階でされると考えられる。
(3) Boston というなじみのある固有名詞は聞き取りやすいので、キーワードにはもってこいだ。
(4) Syracuse も特徴のある音なので、耳に残るだろう。その周りにアンテナを張り巡らせよう。
(5) 時系列で行けば、当然ニュースの最後の部分になる。

(1) 正解：e)

このニュースはいつ報道されたのか。
a) 11月1日。
b) 3月に。
c) 夜9時に。
d) 銀行強盗の翌日。
e) 午前中。

解説

第1段落のニュース導入部で、司会者が Welcome back everybody, and top of the morning.（みなさん、おはようございます。今朝のトップニュースです）と言っている。朝の報道と分かるので e) が正解。November 1は銀行強盗が起こった日なので、a) は間違い。

(2) 正解：c)

リポーターによると、レフ・グレイソンは
a) 雇い主との問題を抱えていた。
b) 常に教師への不満を言っていた。
c) 学校を追い出された。
d) 授業中大声でおしゃべりしていた。
e) 盗みの現行犯で逮捕された。

解説

選択肢から、事件以前のレフについて問われていることが分かる。事件前のレフを紹介している第2段落で、This led to his expulsion from school.（これで結局、彼は退学になった）とあるので、パラフレーズである c) が正解。1文前に he continued to hum loudly in the middle of lectures.（彼が授業の途中で大きな声で鼻歌を歌い続けた）とあるが、おしゃべりしていたわけではないので、d) は不適切。

(3) 正解：c)

リポーターによると、レフ・グレイソンがボストンで取った行動の1つは

a) 高級なお菓子を食べたこと。
b) いくらかの株を買ったこと。
c) 高級な夕食を取ったこと。
d) ハイドン・シンフォニー・ホールへ行ったこと。
e) オーキッド・コンサート・プラザで働いたこと。

解説

ボストンでの行動については第4段落で触れられている。he 〜 was seen dining in Boston's most expensive restaurants（彼はボストンの最も高級なレストランで夕食を取っているところを見られた）とあるので、c) が正解。a) の sweet は staying in the most expensive suite（最高級のスイート室に宿泊して）の suite と同音だが、前後を聞き取れれば間違いと分かる。

(4) 正解：b)

リポーターによると、レフのシラキューズ行きについての事実は……ということである。

a) そこでお金をすべて使った
b) 彼がそこへ行った理由は誰も知らない
c) そこでの経済状況は悪かった
d) 誰かが彼にそこに行くように助言した
e) 彼はコンサート・ホールのドア係としての仕事を得た

解説

シラキューズへの移動は第6段落にある。Why Syracuse is anybody's guess.（なぜシラキューズなのかは誰にも分からない）とある。anybody's guess は「誰にも分からないこと」を意味するフレーズなので、正解は b) だ。

（5）正解：d)

リポーターによると、最後に起こったのは……ということに違いない。

a) 彼がトラックにひかれた
b) 彼がオペラハウスで襲撃された
c) 彼が雪道で滑った
d) 彼が電車にはねられた
e) 彼が凍死した

解説

第6段落の後半で、事の経緯が述べられている。his lifeless body was found on those tracks, ending this young man's story as the train must have ended his life.（彼の遺体が線路上で見つかったことから、電車がこの若者の人生を終わらせたに違いない）とあるので d)が正解。a)のトラック（自動車）はtruckで、文中にある類音track（線路）とは発音が違う。引っ掛からないように注意。

▶ スクリプトと訳

Anchor: ①Welcome back everybody, and top of the morning. We now have more news on that November 1, Evergreen Bank theft, which has ended in tragedy for a young man from a working class neighborhood in our fair city. We are sad to say that his remains have been found on train tracks in upstate New York. Let's hear more from our reporter, Susan Graham, from Boston.

Susan Graham, Reporter: ②Apparently everything started late last March, when Lef Greyson found himself in trouble again with his high school teachers. Lef had had a long history of problems with his teachers, who claimed that his conduct was "disorderly and defiant." His attitude problems and misconduct had led to a month-long suspension. When he went back to school, his teachers claim he continued to hum loudly in the middle of lectures. This led to his expulsion from school.

③This troubled young man then found a day job cleaning a suburban branch of Evergreen Bank while ushering at night in Haydn Symphony Hall. Somehow he managed to steal $8,000 in cash from the bank's cash register.

④He then fled with the money to Boston, where he checked into a five-star hotel, the Shelby Inn, staying in the most expensive suite for two weeks. Apparently, despite his youth, he aroused no suspicions among the hotel staff and was seen dining in Boston's most expensive restaurants and attending nightly music performances at that city's Orchid Concert Plaza. He reportedly bought very pricey tickets. We are assuming that at some point he must have realized that his money was running out and decided to leave.

⑤He was next seen at Central Station, where he bought an economy train ticket for Syracuse, in upstate New York. Susan Graham from Boston.

Anchor: ⑥Thank you, Susan. Why Syracuse is anybody's guess. At any rate, he made it to Syracuse, where he was seen buying a hamburger at a fast-food restaurant near that city's Grand Station. He was last seen alive trying to sneak into a 9 p.m. performance of "Aida" at Syracuse's Grand Opera House. When a doorman caught him, he turned and fled down a snow-covered hill towards the L & R railroad tracks. We are sad to say that this morning his lifeless body was found on those tracks, ending this young man's story as the train must have ended his life. To understand this story better, let's turn to some of the people who knew him. Terry?

145

司会者：①みなさん、おはようございます。今朝のトップニュースです。私たち
は今、11月1日に起こったエヴァーグリーン銀行の窃盗事件について、続報を
得ています。この事件は、私たちの美しい街、その労働者階級地域の出身者で
ある若者にとって、悲劇となって終わりました。残念ながら、ニューヨーク州北
部の線路上で彼の遺体が発見されました。スーザン・グレアム記者がボストン
からお知らせします。

スーザン・グレアム、リポーター：②ことのすべてはどうやら、先の3月終盤、
レフ・グレイソンがまたも高校教員たちと問題を起こした際に始まったようで
す。レフは長い間、教師たちとの間で問題を起こしていました。教師たちの主
張では、彼の行動は「乱暴で反抗的」だったとのことです。態度の悪さと非行
のために、彼は1カ月にわたる停学を命じられました。復学しても、講義中に大
声で鼻歌を歌い続けたと教師たちは主張しています。この件で結局、彼は退学
になりました。

③問題を抱えたこの若者は、その後、夜はハイドン・シンフォニー・ホールで
案内係をしながら、エヴァーグリーン銀行のとある郊外支店で昼間の清掃の仕
事を見つけました。そして、どのようにかして、銀行のキャッシュ・レジスター
から現金8,000ドルを盗み出しました。

④彼はその現金を持ってボストンへ逃げ、5つ星のホテル、シェルビー・インに
チェックインした後、2週間にわたって最も高額なスイート室に滞在したのです。
どうやら、その若さにもかかわらず、ホテルのスタッフにまったく疑惑を抱かせ
ることがなかったようで、ボストンの最高級レストランで夕食を取っている姿や、
町のオーキッド・コンサート・プラザへ夜ごとの音楽公演を聞きに来ている姿を
見られています。伝えられるところによると、彼は非常に高いチケットを買った
ようです。おそらくは、ある時点で、このお金が底をつきそうであることに気付
き、（ホテルを）出ようと決めたに違いありません。

⑤彼の姿は次にセントラル・ステーションで見られ、ニューヨーク州北部のシ
ラキューズへ行く電車のエコノミー切符を買っていたといいます。スーザン・グ
レアムがボストンからお知らせしました。

司会者：⑥ありがとう、スーザン。なぜシラキューズなのかは誰にも分かりませ
ん。とにかく、彼はシラキューズに着き、町のグランド・ステーション近くにあ
るファーストフード店でハンバーガーを買っているのを見られています。生きた
姿が最後に目撃されたのは、シラキューズのグランド・オペラ・ハウスでのこ
と、午後9時の『アイーダ』公演に潜り込もうとしたときです。彼はドアマンに
捕らえられましたが、向きを変えて、雪で覆われた丘を下り、L&R鉄道の線路
へ向かって逃げました。残念なことに、今朝、彼の遺体が線路上で見つかり、
電車が命を終わらせたに違いないということで、この若者の物語を終えること
になりました。この事件をもっとよく理解するため、彼を知っていた何人かに話
を聞いてみましょう。テリー？

(B)

[設問から得られるヒント]
引き続きレフについての話だと分かる。設問からは、彼の知人が登場すると予想できる。
[設問ごとのリスニングポイント]
(6) Terry の発言が長めに抜かれているので、それを待ち構え、1つずつ拾っていけばよい。
(7) ここも「含まれていない」ものを探す問題なので、まずは Ms. McNutt を特定し、その発言から聞こえたものを削ろう。
(8) ここでもまず誰が Tanya か把握すること。accuse や blame といった語をカギにするとよいだろう。
(9) こういった問題は、ターニャの発言をしっかり聞くしかない。それぞれの選択肢にある語を待ち構えて集中して聞こう。
(10) 特定の1段落に答えがあるわけではないので、全体の概要をとらえておかないと答えられない。

(6) 正解：c)

テリー・ベンソンは「私たちはみな、悲劇的な詳細を知っています」と言う。その詳細に含まれていないのは、……である。

a) レフがお金を持って行った場所について
b) レフが放校されたという事実
c) 学校でのレフの知り合いたちの意見
d) レフが発見された状況
e) レフが勤め先で犯罪を行ったこと

解説

設問にあるテリーの1つ目のセリフに続けて、いくつか情報が列挙される。how he was expelled from school, stole money from the bank where he worked, ran off to Boston, … and was found dead on railroad tracks in upstate New York. （どのようにして退学になったか、勤め先の銀行からお金を盗んだか、ボストンへ逃げたか、……ニューヨーク州北部の線路上で遺体となって見つかったか）とある。ここに a)、b)、d)、e) の情報が含まれているので、残る c) が正解。また、この発言の最後に We'll talk first to his homeroom teacher before we see what we can find out from one of his schoolmates. とあり、レフの知人にはこれから話を聞くと分かる。

(7) 正解：d)

マクナット先生によると、レフの学校での問題に、……は含まれていなかった。

a) ネズミを使ったいたずら
b) テスト中の鼻歌
c) 授業中に音楽を聞くこと
d) 宿題を全部さぼること
e) 教師たちが話しているときに騒音を出すこと

解説

今度はマクナット先生の2つ目の発言にすべてが入っている。a)はhe put a mouse on my chair（彼は私のイスにネズミを置いた）。b)はEven when he took his tests, he would hum（彼はテストを受けているときですら、鼻歌を歌っていた）。c)はhe was constantly listening to music in class（彼は授業中にしきりに音楽を聞いていた）。e)はhe just wouldn't stop making loud noises when his teachers were talking（教師が話している間、大きな音を立てるのをやめようとしなかった）。それぞれが述べられているので、d)が正解。発言中にもI guess he did his homework and tests OK（彼は宿題やテストはまあまあできていたと思う）とあるので、ほかを聞き逃しても答えは分かる。

(8) 正解：e)

ターニャによると、レフが責められたことは
a）マクナット先生がしたいくつかのいたずら。
b）ペットのネズミを学校に連れてきたこと。
c）レフの問題についてマクナット先生を非難したこと。
d）テストで悪い成績を取ったこと。
e）ほかの少年がした悪ふざけ。

解説

レフについて尋ねられたターニャは、She even blamed him for the mouse that Randy Delaware put on her chair.（彼女［マクナット先生］はランディ・デラウェアが彼女のイスに置いたネズミのことで、レフを責めすらした）と答えている。つまり、e)が正解である。

(9) 正解：b)

インタビューの中でターニャが言及していないのは
a）レフの出身地がどれほど貧しいか。
b）レフは音楽を演奏するのがいかに上手だったか。
c）レフがお金を盗んだ理由として彼女が考えること。
d）レフが責めを負わねばならない出来事はなかったこと。
e）担任教師以外は誰もがレフを好きだったこと。

解説

ターニャがレフについて述べた、the guy came from a bad area and was poor.（彼は悪い地区の出身で貧しかった）、Music just took him to other places which, I guess, he found more beautiful than this one. Maybe that's why he took the money.（音楽はただ彼を別の場所へ連れていってくれた。私が思うには、この場所よりも彼が美しいと思う場所に。たぶん、だから彼はお金を盗ったのよ）がa)、c)を表している。d)は、直接は言っていないものの、Randy Delaware put a rubber mouse on Ms. McNutt's chair.（ランディ・デラウェアがゴムのネズミをマクナット先生のイスに置いた）から判断できる。Everybody liked him, except Ms. McNutt.（マクナット先生以外は誰もが彼のことが好きだった）はe)に当てはまる。レフが演奏をしていたことには触れていないので、b) が正解。

（10）正解：c)

2人へのインタビューから判断して言えそうなことは

a）レフは、罪を犯しそうな兆候を明らかに見せていた。
b）ランディ・デラウェアは、自分がいたずらしたことを白状しなかった。
c）多くの人が、レフが音楽を好きなことを知っていた。
d）レフは教師たちと友人たちのいずれの間とも、問題を起こしていた。
e）マクナット先生はレフの行いの悪さに責任があった。

解説

インタビュー全体を把握していないと間違いかねない問題だ。答えがあるのはターニャの発言。He was into classical music, would always be humming it（彼はクラシック音楽に夢中でいつも鼻歌で歌っていた）、Ms. McNutt, his homeroom teacher, didn't like it, but it didn't bother students.（マクナット先生はそれが嫌いだったが、生徒たちは気にしなかった）と言っている。c)のquite a fewは「多くの」を表すので、これが正解である。a)は、テリーが「兆候はあったか」とマクナット先生に聞くが、彼女はイエスともノーとも言っておらず、話の内容も事件を起こす「明らかな」サインとは考えにくいので不適切。彼女に責任があるかどうかも分からないので、e)も不適切。b)、d)はターニャの発言から違うと分かる。

149

▶スクリプトと訳

(B) 17 Terry Benson Ms. McNutt Tanya

Terry Benson: ①Hi, I'm Terry Benson. We're all aware of the tragic details of Lef Greyson's story, how he was expelled from school, stole money from the bank where he worked, ran off to Boston, where he spent most of it, and was found dead on railroad tracks in upstate New York. It is truly very sad. We're here now at Pine Ridge High School, where that story began. We'll talk first to his homeroom teacher before we see what we can find out from one of his schoolmates.

Terry: ②Ms. McNutt, you've heard the sad news. Can you tell us a little bit about the problems Lef was having?
Ms. McNutt: ③Oh, yes! He was disorderly and rebellious. When his teachers were talking, he would look out the window and hum tunes to himself. He was a complete troublemaker!
Terry: ④Did he have any problems with his schoolwork? Were there any indications that he might commit a crime someday?
Ms. McNutt: ⑤Well, for one thing he put a mouse on my chair, which is unacceptable behavior. Also, he was constantly listening to music in class on that little music player he carried around with him, which is another, so that was the beginning. I guess he did his homework and tests OK, but he just wouldn't stop making loud noises when his teachers were talking. Even when he took his tests, he would hum. It was distracting. When asked to be quiet, he would stop for a while, but before you knew it, he was humming again, loud enough to bother other students. He was just so aggressive! And I just can't forget his mouse trick. I talked to all his teachers about his attitude, so our only option was to suspend and finally expel him. We all feel sorry for how things turned out, but he was a bad apple from a bad area.
Terry: ⑥Uh. Thank you, Ms. McNutt.

Terry: ⑦This is the Pine Ridge High School lunchroom. Let's see what one of Lef's schoolmates has to say about him. Hi. Can I have your name?
Tanya: ⑧I'm Tanya.
Terry: ⑨Hi, Tanya. Can you tell us some things that you remember about Lef Greyson?

Tanya: ⑩Oh, yeah. He was cool. Real quiet and smart. He was into classical music, would always be humming it, not, like, loud enough to disturb anyone you know. Just quietly, to himself. Ms. McNutt, his homeroom teacher, didn't like it, but it didn't bother students. Everybody liked him, except Ms. McNutt. She was always looking for something bad to say about Lef. She even blamed him for the mouse that Randy Delaware put on her chair.

Terry: ⑪You mean a real mouse was put on her chair?

Tanya: ⑫No, Randy Delaware put a rubber mouse on Ms. McNutt's chair. And she never stopped blaming Lef for it, though Randy confessed he had done it.

Terry: ⑬I see. And you said Lef liked classical music. Can you tell us more about that?

Tanya: ⑭It was his whole world, I guess. I mean, the guy came from a bad area and was poor. Music just took him to other places which, I guess, he found more beautiful than this one. Maybe that's why he took the money.

Terry: ⑮Well, thank you, Tanya. This is Terry Benson for WRF TV.

テリー・ベンソン：①おはようございます、テリー・ベンソンです。レフ・グレイソンの事件の悲劇的な詳細、どのようにして彼が退学になったか、彼が働いていた銀行からどのように金を盗み、ボストンへ逃げたか、そこで彼がどうやってそのほとんどを使ってしまい、ニューヨーク州北部の線路上で遺体となって見つかったか、私たちはみな知っています。本当に悲しいことです。私たちは今、その話が始まったパイン・リッジ高校に来ています。まず、彼の学校の友達から何が明らかになるか尋ねる前に、彼の担任の先生と話してみましょう。

テリー：②マクナット先生、あなたはこの悲しいニュースをご存じですね。レフが抱えていた問題について、少しお話しいただけますか？
マクナット先生：③ええ、いいですとも！ 彼は乱暴で反抗的でした。教師が話している間、窓の外を眺めて、独りで鼻歌を歌ったりしていたものです。彼は本当に、問題児でした！
テリー：④彼は学校の勉強で問題を抱えていましたか？ 彼がいつかは罪を犯すかもしれないという兆候はありましたか？
マクナット先生：⑤そうですね、例えば彼は私のイスにネズミを置いたんです。それは間違いなく受け入れ難い行為です。また別のときは彼が持ち歩いていた小さい音楽プレイヤーで授業中にしきりに音楽を聞いていましたけれど、これも同じく（受け入れ難い行為）です。そう、それが始まりでした。宿題やテストはまあまあできていたと思いますが、ただもう、先生方が話している間に騒音を立てることをやめようとしなかったのです。テストを受けているときですら、鼻歌を歌っていました。邪魔になりました。静かにするように言われると、しばらくは止めるのですが、あっという間にまた、ほかの生徒の邪魔になるほど大きな

声で鼻歌を歌い始めるのです。彼は非常に攻撃的でした！　私はあのネズミの
いたずらを忘れることはできません。私は彼の先生方全員に、彼の態度につい
て話しました。ですから、私たちの唯一の選択肢は、彼を停学にし、最終的に
は退学させることだったのです。結果的に起こったことについては、私たち全
員が気の毒に感じていますが、レフは粗悪な地域出身の、腐ったリンゴだった
のです。

テリー：⑥ええと、ありがとうございました、マクナット先生。

テリー：⑦こちらはパイン・リッジ高校のランチルームです。では、レフの級友
の1人が彼についてなんと言うか聞いてみましょう。やあ。名前を聞いていいか
な？

ターニャ：⑧ターニャです。

テリー：⑨やあ、ターニャ。レフ・グレイソンについてあなたが覚えていること
を話していただけますか？

ターニャ：⑩ええ、もちろん。彼はカッコよかったわ。物静かで利発でした。ク
ラシック音楽に凝っていて、いつもそれを口ずさんでいたわ。別に誰かの邪魔
になるほど大きな声じゃなくてね。ただ静かに、独りでよ。担任のマクナット先
生はそれが気に入らなかったのだけど、生徒たちの邪魔にはならなかったわ。み
んなレフが好きだったもの、マクナット先生以外はね。マクナット先生はいつも
レフについて悪く言えることを探していたのよ。先生はランディ・デラウェアが
イスに置いたネズミのことで、レフを責めすらしたのよ。

テリー：⑪マクナット先生のイスに、本物のネズミを置いたということですね？

ターニャ：⑫いいえ、ランディ・デラウェアはゴムのネズミをマクナット先生の
イスに置いたの。ランディが自分がやったと白状したのに、先生はそのことでレ
フを責めるのを決して止めなかった。

テリー：⑬なるほど。あと、レフがクラシック音楽を好きだったと言ったね。そ
れについてもっと教えてくれるかな？

ターニャ：⑭それ（クラシック音楽）は彼の世界のすべてだったの。つまり、彼
は悪い地区の出身で貧乏だった。音楽はただ彼を別の場所へ連れていってくれ
たんだと思うわ、ここよりも美しいと彼が思う場所に。たぶん、だからレフはお
金を盗ったのよ。

テリー：⑮そうか、ありがとう、ターニャ。WRFテレビのテリー・ベンソンが
お伝えしました。

(c)

[設問から得られるヒント]

設問から、ユーモアがテーマだろうと分かる。また、ユーモアと生活のかかわりに関するものというところまで推測できるので、そこを意識してリスニングをしよう。

[設問ごとのリスニングポイント]

(11) テーマの定義付けは、講義の冒頭でされることが多い。

(12) ユーモアが主題なので、「笑っていけない場面」はbutやhoweverといった語につながると考えるのが自然だ。

(13) 前の2問と比べ、具体的な内容に講義が入っていることを示唆している。話の展開を感じれば、該当の箇所に近づいたことに気が付ける。

(14) 語の意味を知っていれば難しくない問題。仮に知らなくても、puns をキーワードにして、その特徴について聞き取ろう。

(15) 例によって「言及されている」ものを1つずつ削っていこう。

(11) 正解：b)

話者によるユーモアの定義の1つは

a) 正常な緊張状態。
b) 普通の出来事の予期しない変化。
c) 生理学に基づいたもの。
d) 個人の経験から生まれた冗談。
e) 社会問題へ導入するものすべて。

解説

実質的にスピーチの本題が始まる第2段落で、humor may be defined as an unexpected, pleasure-causing shift from the norm（ユーモアとは、予期せぬ、快楽を生む、規準からの転換）と述べているので、それを言い換えたb)が正解だ。

(12) 正解：c)

話者によると、あなたが笑うべきでないと考えられる状況とは

a) あなたがいらいらしているとき。
b) なじみのない出来事があるとき。
c) あなたが厳粛な儀式に参加しているとき。
d) なたが十分に社交的になっているとき。
e) あなたが役に立つべきとき。

解説

第3段落の You certainly might choose not to laugh at something you find humorous on a solemn occasion such as a funeral（あなたはもちろん、お葬式のような厳粛な場面においては、ユーモラスだと感じる何かに対して笑わないことを選択するかもしれません）が答えになっている。正解はc)。

（13）正解：e)

話者によると、妹とリモコンの一節がユーモラスな理由は、……からである。
a) 彼女がそれをあなたに修理してほしがっていることが分かる
b) 彼女は巧みなうそであなたをだましている
c) その装置は運ぶには極端に重い
d) 彼女は自分でそれを運びたいのではないかと思わせる
e) 彼女の言っていることが真実でないのが明らかだ

解説
ユーモアの一例として「誇張」の説明をしている第4段落。You know the device does not weigh that much, and suspect your sister just does not want to get it herself.（あなたはその装置がそんなに重くないことを知っていて、妹さんがただ自分でそれを取りたくないだけではないかと疑うでしょう）と言っているので、正解はe)だと分かる。

（14）正解：a)

話者によると、「puns」は
a) いつでも面白いとは限らない。
b) 異文化についての皮肉。
c) 主に魚に関して言われる。
d) 人にうめき声を上げさせる身体攻撃。
e) 英語だけで使用される。

解説
具体例の2つ目として挙げられたpunsは、「ダジャレ」や「語呂合わせ」という意味。第5段落ではダジャレの具体例を挙げて、笑えるときがある半面、the word play may cause them to laugh … they recognize the attempt at humor but don't find it funny.（言葉遊びは笑わせるかもしれませんが……ユーモアを試みたと分かっても、面白いとは思えないこともあります）とある。よって、a)が正しい答え。

（15）正解：e)

話者は、ユーモアの作用をいくつか挙げている。言及されていないのは……ということである。
a) 私たちが緊張しているとき、リラックスさせてくれる
b) ある種のユーモアは不愉快にさせる
c) 私たちが他人と仲良くやっていくのを助けてくれる
d) ユーモアは私たちに一体感を感じさせてくれる
e) それは関係を培うのに不可欠である

答えは第6、第7段落にわたって散らばっている。第6段落の shared humor helps create social intimacy and, therefore, social cohesiveness.（ユーモアを共有することは、社会的な親密さ、したがって、社会的な一体感を作る助けになります）が c)、d) を表す。また、negative humor, such as sarcasm and put-downs, which creates distance between people.（否定的なユーモア、例えば皮肉や非難は、人と人の間に距離を作ります）で b) に言及している。第7段落では、Humor also helps us to relax in situations where we might feel tense.（ユーモアはまた、緊張する場面でリラックスしやすくしてくれます）と a) を意味している。正解は残る e) となる。文中では「不可欠」とまでは言われていない。

▶スクリプトと訳

(C)

① Good afternoon. Today we are going to continue our discussion about social cohesion. Last week, we left off with some talk about etiquette and manners. Today we are going to look at the importance of humor in our social lives.

② First, humor may be defined as an unexpected, pleasure-causing shift from the norm, within a situation or between ideas. In other words, humor is an unanticipated mental experience that results in the emotional experience of mirth, the feeling that something is funny, and may result in the physiological experience of laughter. You may, for example, see that your spouse's shoe is untied, feel it is funny, and then choose to respond by laughing.

③ As you can see, for there to be humor, you must notice an incongruity and feel it is funny. However, whether you laugh or not depends on the appropriateness of that response to the situation. You certainly might choose not to laugh at something you find humorous on a solemn occasion such as a funeral or with people who might find your laughter uncomfortable or irritating. After all, we are socialized to the constraints of laughter, usually knowing when, where, and with whom, and about what is acceptable to laugh. If we go beyond these constraints, we can cause social disruption and problems.

④ Now, what are types of humor? Well, for one, we have exaggeration, when something is overstated out of proportion to reality. For example, you may find it humorous if your sister asks you to bring her the remote control because, she says, it weighs as much as an elephant. You know the device does not weigh that much, and suspect your sister just does not want to get it herself.

⑤ Another kind of humor is spoken jokes, which also includes puns — when we play with language innovatively. For example, when English speakers hear the pun "Dan refused to eat sushi because it looked fishy," they know that the word fishy can mean strange as well as fishlike and the word play may cause them to laugh or, in some cases, groan — a response indicating that they recognize the attempt at humor but don't find it funny.

⑥ Still other kinds of humor are the related categories of silliness and surprise. A funny face made at a birthday party is an example of the former, and the sudden appearance of a family pet with a hat on at that same party is an example of the latter. There are other kinds of humor, of course, but what we need to understand is that shared humor helps create social intimacy and, therefore, social cohesiveness. This is opposed to negative humor, such as sarcasm and put-downs, which creates distance between people. Through shared humor, we can connect with other people because it provides us with a sense of group inclusiveness. Engaging in attempts at shared humor means that we are acknowledging the importance of making the effort to nurture relationships no matter how temporary. We all know that when we laugh together, we share ourselves.

⑦ Humor also helps us to relax in situations where we might feel tense. A well-timed joke at a meeting can often be an icebreaker, helping participants interact more effectively because it has removed some of the tension. In the same way, humor can also help defuse bad situations and change behavior. If someone is upset and about to do something foolish, a funny joke or a funny face could defuse the problem.

⑧ Now, let's get into groups and see if we can come up with specific examples of bad situations that can be defused with humor.

①こんにちは。今日、私たちは、社会的一体性に関する議論を続けていきます。先週、私たちはエチケットとマナーについての話で終わりました。今日は、社会生活におけるユーモアの重要性について考えていきます。

②まず、ユーモアとは、ある状況で、または複数の考えの間で、予期せぬ、快楽を生む、規準からの転換と定義されるかもしれません。言い換えますと、ユーモアとは、予期されぬ精神的な体験であって、それによって笑いという感情的な体験、すなわち何かがおかしいという気持ちを引き起こします。また、生理的な笑いの体験を引き起こす場合があります。例えば配偶者の靴ひもがほどけているのを見て、それをおかしいと感じたら、笑うという反応を選ぶかもしれません。

③お分かりのように、ユーモアが存在するためには、あなたは不調和に気づかなければならず、かつ、それをおかしいと感じなければなりません。しかしながら、あなたが笑うかどうかは、その反応がその状況では適切かどうかに左右されます。お葬式のような厳粛な場面や、あなたが笑うのを不愉快だ、またはいらいらすると感じる人々と同席している場合です。そのような場合はもちろん、ユーモラスだと感じても笑わないことを選ぶでしょう。結局、私たちは、笑いの制約に対して社会的に適合するのです。通常は、いつ、どこで、誰と、そして何について笑っても許されるかを知っているからです。もしも私たちがこういった制約を逸脱すれば、社会的な混乱や問題を引き起こす可能性があります。

④では、ユーモアにはどのようなタイプがあるでしょうか。そうですね、1つには、誇張があります。現実との調和から外れて何かが誇張されているときです。例えば、あなたの妹さんがあなたに、リモコンを取ってほしい、なぜならそれがゾウと同じくらい重いからだと頼んだとしたら、あなたはそれをユーモラスだと思うかもしれません。あなたはその装置にそんな重さがないことを知っていて、あなたの妹さんはただ自分で取りたくないだけなのじゃないかと疑うでしょう。

⑤また別のタイプのユーモアに、話し言葉でのジョークがあります。私たちが言語を革新的に用いて遊ぶときには、そこにはダジャレが含まれます。例えば、英語話者が、「ダンは寿司を食べるのを断った。なぜならそれが怪しげ（fishy）に見えたから」というダジャレを聞いた場合、fishy という言葉の意味は「魚のようだ」と同時に「怪しげだ」でもあるのを知っているため、この言葉遊びに笑いを誘われるでしょう。場合によっては不満の声を上げますが、これはユーモアを狙ったとは分かっても、面白く感じないという反応です。

⑥さらにほかの種類のユーモアは、馬鹿馬鹿しさと驚きが関連したタイプです。誕生日パーティーで変な顔をしてみせるのは前者の例で、同じパーティーでその家庭のペットが突然帽子をかぶって登場するのは、後者の例です。もちろん、ほかにもユーモアの種類はありますが、私たちが理解する必要があるのは、共有されたユーモアは社会の親密さを生むのに役立ち、それゆえ、社会の一体性を生む助けとなるということです。これは、皮肉や悪口のような、人と人の間に距離を作る、害のあるユーモアとは反対のものです。ユーモアを共有することで、私たちは他の人とつながりを持つことができます。私たちに集団の一員と

しての感覚を与えてくれるのです。ユーモアを共有する試みに携わるのは、たとえ一時的であっても、人間関係を豊かにする試みがいかに重要かを認めているからです。私たちはみな、一緒に笑うときに、自分自身を共有していることを実感しています。

⑦また、ユーモアは、緊張しそうな場面において私たちがリラックスするのを助けてくれます。会議でのタイミングのよいジョークはしばしば座を和ませてくれますし、緊張がいくらか和らぐため、参加者がより効率よく交流できます。同じように、ユーモアには困った状況を和ませ、行動を変える効果があります。もしも腹を立て、愚かなことをしそうな人がいたら、面白いジョークや面白い顔で問題を沈静化できるかもしれません。

⑧さて、グループに別れて、困難な状況をユーモアで解決する例について具体的に挙げてみましょう。

Comment from Kimutatsu

バックのノイズに気を取られると正確に聞き取れないよ。英語部分に集中して、ほかの音を意識的に遮断してしまおう。実際に英語を使う場面では、会議などを除くとかなり多くの生活音が「邪魔」をする。空港や駅などのアナウンスを想像してみてほしい。その中でも正確に聞き取れる最強のリスニング能力を身に付けよう！

背景に入っているノイズはどうでしょうか？　英語に集中しにくいですか？　しかし、雑音がある状況に慣れておけば、本番では必ず有利になるはずです！

🎧 19

(A)

これから放送する教授の講義を聞き、(1) ～ (5) の問いに対して、それぞれ最も適切な答えを一つ選べ。

(1) **What does the professor believe about the base mathematics he is teaching in this lesson?**

　　a) It will be included in an upcoming exam.
　　b) Understanding it requires great concentration.
　　c) It contains some obvious difficulties.
　　d) It could be described as advanced.
　　e) It is at a very simple level.

(2) **According to the professor, numerals are different from numbers because**

　　a) numerals are just one representation of numbers.
　　b) numerals are always equal to the actual numbers.
　　c) numerals have various forms in each culture.
　　d) numerals are based only on a base-10 system.
　　e) numerals are easily calculated in a base-3 system.

(3) **According to the professor, a "place-holder" is**

　　a) equal to zero in mathematical terms.
　　b) a unique feature of a base-10 system.
　　c) the tentative theory used by the aliens.
　　d) something to show a group of numbers.
　　e) another term to describe the number 10.

(4) **The reason that the aliens would express we have 14 fingers is that**

a) they use different symbols from us.
b) they are using a base-6 system.
c) they have a more complex math system.
d) their numeric ability is poor.
e) they are using a base-3 system.

(5) **The reason that the professor shows an example sum at the beginning of his lecture is**

a) to explain variations in ways of counting numbers.
b) to teach the origin of the concept of zero.
c) to correct an error in a previous exam.
d) to introduce a calculating method used in cosmology.
e) to show the philosophical basis of mathematics.

🎧 20

(B)

これから放送するのは、(A) に関連する会話である。これを聞き、(6) ～ (10) の問い
に対して、それぞれ最も適切な答えを一つ選べ。

(6) **According to Tim's question, he was wondering**

a) why he hadn't studied the decimal system in high school.
b) why systems other than base-10 exist.
c) why he had never seen an alien.
d) why human beings have 10 fingers.
e) why Roman numerals are abstract.

(7) **The tribal group that the professor mentions uses**

a) a base-20 system.
b) a base-8 system.
c) a base-13 system.
d) a base-16 system.
e) a base-60 system.

(8) **In the conversation, some features of Roman numerals are indicated. One which is NOT mentioned is that**

a) it was used before the base-10 system.
b) it ends before infinity.
c) it has the idea of zero.
d) it does not have numbers in the millions.
e) it was easy to calculate using it.

(9) **According to the conversation, what do many mathematicians say about the base-12 system?**

a) It developed the concept of zero.
b) It is helpful to count months in ancient calendars.
c) It makes fractions easier to calculate.
d) It is worse than the decimal system.
e) It was popularized by Fibonacci's studies.

(10) **Near the end of the conversation, the professor says that**

a) most mathematicians like the base-20 system.
b) Fibonacci established a university to spread his ideas.
c) the Roman system disappeared after Fibonacci's appearance.
d) Fibonacci was not the first man to spread the base-10 system.
e) Roman numerals were considered too simple in the Middle Ages.

🎧 21

(C)

これから放送するのは、グアテマラのチチカステナンゴという町の市場での旅行記である。これを聞き、(11) ～ (15) の問いに対して、それぞれ最も適切な答えを一つ選べ。

(11) **The speaker gives us several features of the fabric. One feature which she does NOT mention is that**

　a) it originated there.
　b) the colors are magnificent.
　c) it took a lot of time to weave.
　d) the designs are superb.
　e) its beauty overwhelmed her.

(12) **The reason that the speaker asked the price of the fabrics at the first stall was**

　a) to find out a rough idea of the prices.
　b) to start negotiating for a cheaper price.
　c) to buy some shawls if they were reasonably priced.
　d) to get some idea of the exchange rate.
　e) to be treated friendly as a tourist.

(13) **When the speaker was leaving for the other stalls, the Mayan woman**

　a) raised the prices even higher.
　b) said something to the other traders.
　c) pointed at various stoles.
　d) treated the speaker kindly.
　e) offered to lower the prices.

(14) **The reason the speaker decided to leave the market was that**

a) the woman at the first stall had spoiled her opportunity to negotiate.
b) she thought she might destroy the market in her fury.
c) the woman at the last stall offered a low price.
d) she thought visiting the small church seemed more meaningful.
e) she wanted to move to another market and try negotiating there.

(15) **Why did the first stallholder dislike the visitor?**

a) She did not like Spanish people.
b) She was annoyed by the visitor using English.
c) She did not want to be paid in dollars.
d) The visitor was too choosy.
e) That information is not given.

解き終わったら、次ページからの
解答と解説をチェック！

Trial Test 7
▶解答と解説

(A)

[設問から得られるヒント]

指示文からは情報なし。設問や選択肢にあるnumbers、numeralsから「数字」に関するものと考えられる。また、複数の設問の選択肢にあるbase-10 systemの意味が分かると助けになりそうだ。

[設問ごとのリスニングポイント]

(1) 設問から、教授の発言に答えがあると予測できる。
(2) 当然、numeralsとnumbersに注意してリスニングをすることになる。differentなどの語にも注意しておこう。
(3) キーワードを絞るのは簡単。place-holderが登場するところだけでなく、どういった文脈でそこにたどり着いているかも意識するようにしよう。
(4) 14 fingersだけでなくalienもカギになる。
(5) 普通、設問は放送文に登場する順に出題されるが、ここはイレギュラーな形。全体的な把握が求められる。先に選択肢を読んで、1つずつ確実に聞いていくしかない。

(1) 正解：e)

教授はこの授業で教えている基礎数学について、何を確信しているか。

a) 次の試験の出題に含まれるだろう。
b) それを理解するのはかなりの集中力を要する。
c) 明らかに難題を含んでいる。
d) 上級レベルだと表してもよい。
e) 非常に簡単なレベルである。

解説

教授は授業の導入で、we're going to have to go over some basics of base mathematics.（基礎数学の基本を見直さないといけなさそうですね）と言っていることから、e)が当てはまる。また、同じ理由でb)、c)、d)は不適切。don't bother, it won't be on the exam（心配しないで、試験には出ませんよ）と言っているので、a)も誤り。

(2) 正解：a)

教授によると、数字は数と異なる。その理由は

a) 数字は数の1つの表現に過ぎない。
b) 数字は常に実際の数と等しい。
c) 数字はそれぞれの文化で、さまざまな形がある。
d) 数字は十進法にのみ基づいている。
e) 数字は三進法で簡単に計算できる。

解説

第7段落の教授の発言で、numbers と numerals の違いが述べられている。Numerals are just one way of expressing actual numbers.（数字は実際の数を表現する1つの方法に過ぎない）と述べられているので、a) が正解。

（3）正解：d)

教授によると、「place-holder」とは

a）数学用語でゼロと同等。
b）十進法のみにある特徴。
c）異星人が使用している暫定的な理論。
d）数の一固まりを表すもの。
e）数の10を表すもう1つの用語。

解説

第9段落の In a base-10 system, we use zero as a place-holder（十進法ではゼロを place-holder として使う）に続く説明がカギ。when we run out of fingers, we write "one-zero" to show one group of 10.（指が足りなくなったら、10の固まりを表すためにゼロを1つ書く）とあることから d) が正解である。

（4）正解：b)

私たちの指は14本ある、と異星人なら言うだろうが、その理由は……からである。

a）彼らは私たちとは違う記号を使っている
b）彼らは六進法を使っている
c）彼らはより複雑な数学システムを持っている
d）彼らの計算能力が低い
e）彼らは三進法を使っている

解説

第9段落で the aliens come up with a number that looks like 14.（異星人は14のような数を思い付く）とあり、続けて理由が示されている。this is only a numeric representation of 10 in a base-6 system.（これは単に、六進法における10の数字表現に過ぎない）とある。また、続く If you look at that number, what it really means is … One group of six, plus four.（この数を見てみると、それが本当に意味するところは……6の固まりが1つと、足すことの4です）とあり、b) が正解だと分かる。

（5）正解：a)

教授が講義の冒頭で計算式の例を挙げた理由は
a) 数の数え方の種類を説明するため。
b) ゼロの概念の起源を教えるため。
c) 前回の試験にあった間違いを正すため。
d) 宇宙論での計算方法を紹介するため。
e) 数学における哲学的な基礎を示すため。

解説

最後まで聞いて、最初に戻っていく問題。つまり、放送文の全体的な理解が求められる。これといったキーワードはないが、間違って見える式を提示し、それを元にいろいろな数を基にした数え方に関する話が続いていく。つまり正解はa)である。b)やe)は話に登場しないし、c)のような場面も聞こえてこない。異星人は出てくるが、d)にあるような宇宙論は語られていない。

▶スクリプトと訳

(A) 19 Professor Student

Professor: ①How many of you have run across the math-book question that goes something like, "A group of scientists are watching a distant alien planet. And with their ridiculously powerful telescope, they can see into a math classroom. On the blackboard they see the sum: 14 + 23 = 41. How many fingers, or tentacles, or whatever, do the alien children have?"

②OK, I see a few hands, a few other people scribbling it down — don't bother, it won't be on the exam — and several confused-looking people who are wondering how to politely tell the professor that he screwed up some simple addition. But no, no. This is a perfectly accurate sum. So, I see we're going to have to go over some basics of base mathematics.

Student: ③Excuse me, Mr. Williams. Is this question based on the assumption that our counting system, a base-10, or decimal system, is related to how many fingers we have? I mean, is it based on the number 10 because we have 10 fingers?

Prof. : ④Good point. The question asks us to assume that the aliens have a number system based on the number of their fingers ... or tentacles. So, we do the math and figure out that they have a base-6 system, and therefore most likely have six tentacles — don't look so smug just yet. This is the easy stuff.

⑤There is no real magic in the number 10. For us the number 10 is just an arbitrary point at which we start counting over again. If I have 30 students in this room, that's 1010 in a base-3 system.

Student: ⑥Uh … could you tell us how you count 30 students in a base-3 system, and why 30 can be 1010?

Prof.: ⑦There's a basic calculation. I'll tell you later. What you've got to realize is that numbers and numerals are two different things. Numerals are just one way of expressing actual numbers. It doesn't change the actual number of faces looking up at me here, does it?

Student: ⑧Hmm … I think I'm starting to understand.

Prof.: ⑨Let's go back to the aliens. Imagine that they are now looking through their ridiculously high-powered telescope at the earth, and they are trying to find out how many fingers we've got. Since they only have six tentacles to count with, they count up to six and then they need a "place-holder." In a base-10 system, we use zero as a place-holder — when we run out of fingers, we write "one-zero" to show one group of 10. So, for the sake of simplicity, let's use zero here, too. When the aliens reach number six, they write one-zero, or one group of six. Examining our fingers, the aliens come up with a number that looks like 14. But this is only a numeric representation of 10 in a base-6 system. If you look at that number, what it really means is …

Student: ⑩One group of six, plus four.

Prof.: ⑪Right. It doesn't matter what symbols you use. You could use numerals, letters, or symbols. It all works out the same mathematically.

教授：①君たちのうち何人が、こんな具合に進む数学の教科書の問題に出くわしたことがありますか？ 「科学者たちの一団が、遠く離れた異星人の惑星を見ている。そして、とてつもなく強力な望遠鏡を用いて、数学の教室をのぞき込むことができる。そこで黒板に、14＋23＝41という計算を見る。異星人の子どもたちは、指、触手、あるいはそんな感じのものを、何本持っているだろうか？」。②ふむ、いくつか手が挙がったね、これを走り書きしている人が何名かいるね──心配いらないよ、これは試験には出ないから──それから、単純な足し算を間違えているということを教授に丁重に伝えるにはどうしたらいいかと悩んで、混乱した表情をした人たちも何人かいる。でも、違う、違う。これは、まったく正しい計算だ。つまり、私たちはこれから、基礎数学の基本をいくつか調べる必要があるようだ。

学生：③すみません、ウィリアムズ先生。この問いは、私たちの記数法である十進法が、指の数と関連しているという仮定に基づいていますか？ つまり、私たちの指が10本だから、10という数に基づいているということですか？

教授：④いいところに気付いたね。この問いで私たちが求められていることは、異星人が彼らの指……あるいは、触手の数に基づいた記数法を持っていると仮

定することだよ。だから、私たちは計算して、彼らが六進法を持っていると導き出し、だから6本の触手を持っていると考えるのが最も自然である——まだ、そんな得意そうな顔をするんじゃない。これは、簡単なことだ。

⑤10という数には、本物の魔法は存在しない。私たちにとって10という数は、私たちがまた最初から数え始める単なる任意の地点だ。もしこの教室に30名の学生がいる場合、それは三進法では1010だ。

学生：⑥ええと……どうやって三進法で30人の学生を数えるのでしょうか、それに、どうして30が1010になるのですか？

教授：⑦基本的な計算法がある。後で説明しよう。理解してほしいのは、数と数字は異なる2つのものだということ。数字は、実際の数を表現する1つの方法に過ぎない。ここで私を見上げている顔の実際の数を変えるわけではないだろう？

学生：⑧うーん……分かってきた気がします。

教授：⑨異星人の問題に戻ろう。今度は彼らが、とてつもなく強力な望遠鏡で地球を見ていて、私たちが何本の指を持っているかを見出そうとしていると想像しよう。彼らは数えることのできる触手を6本しか持たないため、6まで数えた後、「位取り」が必要になる。十進法では、私たちはゼロを位取りに使う——指が足りなくなったら、私たちは、1つの10の固まりを表すために、「ゼロを1つ」書く。そこで、単純化するために、ここでもゼロを使うとしよう。異星人たちが6という数に到達したら、ゼロを1つ、つまり6の固まりを1つ書く。そして、私たちの指を観察し、異星人たちは14のように見える数を考え付く。しかし、これは単に、六進法における10の数字表現に過ぎない。この数字を見てみると、これが本当に意味するところは……

学生：⑩6の固まりが1つと、足すことの4です。

教授：⑪その通り。どんな記号を使うかは、問題ではない。数字、文字、あるいは記号を使うこともできる。数学的には、これらはどれも同じ働きをする。

（B）

テーマはあらかじめ分かっているので、設問からより詳しい情報を探ろう。設問や選択肢から、十進法以外の方法やRoman numerals（ローマ数字）がポイントになりそうだ。
[設問ごとのリスニングポイント]
(6)　まずTimが誰かを把握すること。キーワードらしい語はwhyくらいになりそうだ。
(7)　tribalや、それに準じる語を待ち構えよう。その上で、数字やそれに変わる語を逃さないように。
(8)　言及されているものに注目していくのは、ここでも変わらない。消去法で答えを出そう。
(9)　base-12がキーワード。どのような用途に使われたのか聞き取ろう。
(10)　選択肢から、Fibonacciやthe Roman systemがキーワードになると予想できる。

(6)　正解：b)

ティムの質問によると、彼がいぶかしく思っていたことは

a) なぜ彼が十進法を高校で勉強しなかったか。
b) なぜ十進法以外の方法が存在するのか。
c) なぜ彼はそれまで異星人を見たことがなかったのか。
d) なぜ人類には10本の指があるのか。
e) なぜローマ数字は抽象的なのか。

解説

ティムから教授への質問が問題の個所。第6段落で、you were talking about how the decimal system is based on the fact that we have 10 fingers — so, why are there other systems?（十進法は、僕たちに指が10本あるという事実に基づいていると先生は話していました―では、どうしてそのほかの方法があるのでしょうか？）と聞いている。つまり、b)が正解。a)のような言及もあるが、特に質問しているわけではないので、不適切。

(7)　正解：b)

教授が言及した部族で使っているのは

a) 二十進法。
b) 八進法。
c) 十三進法。
d) 十六進法。
e) 六十進法。

解説

この問題では、リスニング力だけでなく語彙も問われている。該当の個所は第9段落、one tribal group … count using the spaces between their fingers, so they use octal.（ある部族は……指のすき間を使って数える、つまり、八進法を使う）という教授の発言。octal（八進法）がカギだが、この語を正確に知らなくても、文脈から「数」に関する語であると分かるし、octagon（八角形）、octave（オクターブ）、octopus（タコ）などからも分かるようにoctは8に関連する語である。よって、正解はb)。

(8) 正解：e)

会話の中で、ローマ数字の特徴がいくつか示されている。言及されていないことは
a) 十進法より前に使われていた。
b) 無限大の前で終わる。
c) ゼロの概念を持っている。
d) 100万の台の数を持たない。
e) それを使って計算するのは容易だった。

解説

ロージーと教授の会話に注意。第12段落のHow did they do mathematics in Roman numerals?（ローマ数字でどのように計算していたのでしょうか?）とのロージーの問いに、教授は not very well（あまり上手ではなかった）と答えている。この時点で答えは e)と分かる。残りについては、続く教授のセリフで触れられている。c)は、It also took them some time to develop the concept of zero.（ゼロという概念を構築するまでにもまた、しばらく時間がかかった）とあり、時間はかかったが最終的には概念を獲得したと理解できるので、本文に当てはまる。

(9) 正解：c)

会話によると、多くの数学者が十二進法について言っていることは
a) ゼロの概念を発展させた。
b) 古代暦で月を数えるのに便利である。
c) 分数を計算しやすくする。
d) 十進法よりも悪い。
e) フィボナッチによる研究で広まった。

解説

第20段落の教授の説明に、A lot of mathematicians will argue that base-12 is a superior system, since it makes fractions a lot easier to work out in your head.（多くの数学者が、十二進法の方が［十進法よりも］優れた方法だと言っている。なぜなら、分数を頭で解くのがずっと簡単になるから）とあるので、c)が正解。

(10) 正解：d)

会話の終わり近くで、教授は……と言っている。
a) ほとんどの数学者は二十進法が好きだ
b) フィボナッチは、自らの考えを広めるため大学を創設した
c) ローマの方法は、フィボナッチの登場後に消滅した
d) フィボナッチは十進法を最初に広めた人ではなかった
e) ローマ数字は、中世には単純すぎると見なされた

解説

放送文の最後にある教授の長い発言がポイント。フィボナッチに触れ、Most people credit the mathematician Fibonacci with popularizing the use of Arabic numerals and a base-10 system（ほとんどの人々は、アラビア数字や十進法の使用を世に広めたことについ

て、数学者のフィボナッチの功績だと考えている)、But other parts of the world were using base-10 long before the West was.（しかし、ほかの世界各地では、西洋以前に十進法を使っていた）と結んでいる。つまり、d)が正解である。

▶スクリプトと訳

 (B) 🎧20 Professor 🇬🇧 Rosie 🇺🇸 Tim 🇦🇺

Professor: ①OK, how was last Tuesday's lecture for you guys?

Rosie: ②No problem here, although I have the feeling we're only scratching the surface of this.

Prof.: ③Yeah, well, I suspect you're right.

Tim: ④Actually, can I just ask something here?

Prof.: ⑤Sure, go ahead. It's Tim right?

Tim: ⑥Yeah, Tim. OK, so I admit, this is not something my high school covered. If they did, I must have missed that class. Anyway, I know this might sound a little off the point, but you were talking about how the decimal system is based on the fact that we have 10 fingers — so, why are there other systems? We aren't in contact with any aliens that I'm aware of ...

Prof.: ⑦Right. Well, I was talking kind of generally there. People like to say we use a base-10 system because we have 10 fingers, but that's only partly true. We've been using base-10 in the West for less than a thousand years.

Rosie: ⑧Is that 1,000 years in base-10?

Prof.: ⑨Heh. Yeah, Rosie. Um, historically, there have been plenty of other systems, all very human. The Babylonians had a base-60 system of counting, if you can imagine that. Um, the Maya used base-20 — all the fingers and toes, right? I remember reading about one tribal group, I can't remember where ... They count using the spaces between their fingers, so they use octal. Our system comes from India — the Hindu-Arabic numeral system.

Tim: ⑩That seems like such recent history. What were we using before base-10?

Prof.: ⑪Well, if you're talking about Europe, you probably already knew what Rome was using until it fell. You'd still recognize it.

Rosie: ⑫Ah! Roman numerals! Wow. I'd never even considered that. But isn't that a whole different system? How did they do mathematics in Roman numerals?

Prof.: ⑬Well ... not very well. You're right. It's a completely different system. It doesn't continue to infinity, and they didn't even have numbers in the millions. It also took them some time to develop the concept of zero.

Tim: ⑭You mean zero as a place-holder? Or just zero as a number representing a count of nothing.

Prof.: ⑮A count of nothing. Believe it or not, that was a very abstract idea. But the Romans did have math. They generally worked in base-12, and that carried on into the early Middle Ages for Europe.

Rosie: ⑯Base-12? That just seems overly complicated.

Tim: ⑰No, wait. If you think about it, we still use it quite a bit. A dozen, for example — a dozen is base-12.

Rosie: ⑱Right ... I guess that makes sense. That must connect to everything else that we do in twelves — 12 hours on a clock, 12 months in a year ...

Tim: ⑲Twelve eggs in a carton.

Prof.: ⑳Well, that's a bit of an oversimplification, but sure. That's right. And since Latin was the language of the educated, the Roman system held on for more than a thousand years. A lot of mathematicians will argue that base-12 is a superior system, since it makes fractions a lot easier to work out in your head. But both systems have their pros and cons. Most people credit the mathematician Fibonacci with popularizing the use of Arabic numerals and a base-10 system in the 1200s. His studies coincide pretty much with the rise of the first universities, so the idea likely caught on from there. But other parts of the world were using base-10 long before the West was.

教授：①よし、君たちにとって、先週の火曜日の講義はどうだったかな？

ロージー：②私は問題ありません。ただ、これについてはまだ表面をかじったにすぎない気もします。

教授：③ああ、うん、そうかもしれない。

ティム：④あの、ちょっと質問していいですか？

教授：⑤もちろん、どうぞ。ティムだったよね？

ティム：⑥ええ、ティムです。では、そう、自分で認めますけれど、これは僕の高校では取り上げられませんでした。もし取り上げたとすれば、僕はその授業を欠席したのでしょう。とにかく、少し的外れに聞こえるかもしれないとは分かっていますが、教授は、僕たちが10本の指を持つ事実に十進法がどう基づくのか、お話しくださいました——では、どうしてそれ以外にも方法があるのでしょうか？　僕が知る限り、僕たちは異星人との関わりはありませんが……

教授：⑦なるほど。そうだね、私はそこをある意味、一般化して話した。私たちが十進法を用いるのは、10本の指を持っているからだとみな言うけど、これは部分的にしか正しくない。西洋では、十進法を使い始めて1000年も経っていない。

ロージー：⑧それは、十進法での1000年ですか？

教授：⑨えっ。そうだよ、ロージー。歴史的には、ほかにもいろいろな進法があって、どれも非常に人間的だ。バビロニア人は六十進法を使って数えたよ。想像できるかな。えーと、マヤ人は二十進法を使った——手指と足指の合計だ、そうだろう？　どこだったか思い出せないけど、ある部族について読んだことがある……彼らは指のすき間で数える、つまり、八進法を使う。僕たちが知る進法はインド発祥で——ヒンドゥー・アラビア記数法だよ。

ティム：⑩すごく最近の歴史に思えますね。十進法より前、僕らは何を使っていたのですか？

教授：⑪うん、ヨーロッパについての話であれば、ローマが滅びるまで何を使っていたか、恐らく既に知っているだろう。今でも気付くと思うが。

ロージー：⑫ああ！　ローマ数字ですね！　わあ。そんなこと、考えもしませんでした。でも、それって完全に違う方法ではないですか？　ローマ数字でどうやって計算していたのでしょうか？

教授：⑬ええとね……あまり得意じゃなかった。君の言う通り、完全に異なる方法だ。無限大まで続かないし、100万のけたには数を持ってさえいなかった。それに、ゼロという概念を構築するまで、しばらく時間がかかった。

ティム：⑭位取りとしてのゼロですか？　それとも単純に、無の数を表すゼロですか？

教授：⑮無の数だね。信じられないかもしれないけど、これはすごく抽象的な考えだった。でも、ローマ人にも確かに数学はあった。彼らは普段、十二進法で計算し、それがヨーロッパでは中世初期まで続いた。

ロージー：⑯十二進法？　それはあまりにも複雑に思えます。

ティム：⑰いや、待てよ。考えてみると、今でもかなり使っている。例えば、ダ

ース—ダースは十二進法だ。

ロージー：⑱なるほど……それで意味が通るわ。ほかにも、私たちが12で数えるものすべてにつながるわね—時計は12時間、1年は12か月……。

ティム：⑲1パック（1カートン）に卵は12個。

教授：⑳うーん、それはちょっと単純化しすぎているけど、確かに。その通りだ。そして、ラテン語が教養人たちの言語だったから、ローマ人の方法が1000年以上も続いた。多くの数学者が、十二進法の方が優れた方法だと主張するだろう。というのも、これを使えば、ずっと簡単に分数を暗算できるから。でも、どちらの方法にも、長所と短所はある。ほとんどの人は、1200年代にアラビア数字や十進法が広く使われるようになったのは、数学者フィボナッチの功績だとしている。彼の研究時期は、初期の大学の隆盛とほぼ同時期だったから、恐らくそこから考えが広まったのだろう。でも、世界各地で、西洋よりずっと前に十進法を使っていた。

(c)

［設問から得られるヒント］
冒頭の指示文に情報が多いので、必ず読もう。Chichicastenangoという固有名詞が最初から分かっているのといないのでは、リスニングのしやすさがだいぶ違うはずだ。
［設問ごとのリスニングポイント］

(11) 鉄則通り、聞こえたものから削っていく。選択肢が簡潔にまとめられていることから、パラフレーズされている可能性も頭に入れておこう。

(12) at the first stallがキーになっている。最初の露店でのやり取りに答えがあると考えるのが自然。

(13) キーワードらしいものは見当たらないので、話の展開を追う。露店にまず到着してから離れるのは分かりきっているのだから、その流れを意識しよう。

(14) 前問のleaving for the other stallsと混同しないように注意。

(15) 第5問だから全体のまとめかもしれない。

(11) 正解：c)

話者は生地の特徴をいくつか挙げている。彼女が言及していないのは、……ということである。

a) それはその土地で生まれた
b) 色が見事である
c) 織るのにとても時間がかかった
d) デザインが素晴らしい
e) その美しさに圧倒された

解説

第2段落に織物についての説明がある。a)はindigenous textilesを、b)はmagnificent colorsを、d)はbeautiful designsをそれぞれ言い換えたもの。また、e)はastonished by the beauty of the textilesで言及されている。制作時間に関する話は出てこないので、c)が正解となる。

(12) 正解：a)

話者が、最初の露店で織物の値段を尋ねた理由は

a) おおよその基準価格を知るため。
b) もっと安値にする交渉を始めるため。
c) 手ごろな値段であれば何枚かショールを買うため。
d) 為替レートの見当を付けるため。
e) 観光客として親しみを持って接してもらうため。

解説

第3段落でwanting to get an idea of the prices（値段の見当を付けたくて［尋ねた］）とあるので、a)が正解。もし、ここを聞き逃してしまっても、同じ段落でMy plan was to get a general idea of the prices before making a purchase.（私の計画は、購入する前に値段のおおよその見当を付けておくことでした）とあるので、そこからも解答可能。

（13）正解：b)

話者が別の露店へ行こうとしたときに、マヤ人女性は
a) 値段をさらに上げた。
b) ほかの商人たちに何かを言った。
c) いろいろなストールを指さした。
d) 話者を親切に扱った。
e) 値段を下げると申し出た。

解説

第4段落で、話者が露店を離れようとしたときに、she quickly stood up and ran past me, whispering something to the various stall owners（彼女は素早く立ち上がり、走って私を追い越し、さまざまな露店の店主たちに何かをささやいていきました）とある。選択肢で当てはまるのは b) である。a)は話者がさらに移動を続けた後のことを指している。

（14）正解：a)

話者が市場から去ろうと決めたのは、……という理由からだった。
a) 最初の露店の女性が、交渉する機会を台無しにした
b) 怒りで市場を破壊してしまうかもしれないと考えた
c) 最後の露店の女性が安い値段を提示した
d) 小さな教会を訪ねる方が、もっと意味があるように思った
e) 別の市場へ移動してそこで交渉を試みたいと思った

解説

第4段落で法外な値段を言い付けられた話者が、第5段落で I realized that the woman I had met at the first stall had destroyed my chances to do any meaningful negotiation there.（私は、最初の露店で会った女性が、そこで意義ある交渉をする機会をすべてつぶしたのだと気付きました）と言っている。そして、Understanding that, I gave up and, looking straight ahead, began to walk（それを理解した私はあきらめて、まっすぐ前を見て歩き始めました）と続く。destroy（〜を壊す）を spoil（〜を台無しにする）と表現した a)が正解。

（15）正解：e)

最初の露店主はなぜこの訪問客を嫌ったのか。
a) 彼女（店主）はスペイン人が嫌いだった。
b) 彼女は客が英語を使うのにいらだった。
c) 彼女はドルで支払われたくなかった。
d) 客があまりにえり好みをしすぎた。
e) それについて情報が述べられていない。

「白人とマヤ人の間には何世紀もの葛藤があるから、彼女が私を信用しないのももっともだろう」という内容も述べられているが、最初の店主に敵意を抱かれた理由は最後まではっきり分からない。strangers in strange places can have strange experiences.（見知らぬ土地に来た異邦人は、不可思議な体験をすることがある）という結論もヒント。

▶スクリプトと訳

(C)

① The Mayan woman looked at me distrustfully as I eyed and then felt the colorful woven articles that she had on display in her stall in the Chichicastenango market in Guatemala. Well she might, I thought, as I looked at the deeply yellow shawls and the intricately patterned blankets. With centuries of conflict between white people and Mayans, there was good reason for her not to trust me.

② On a trip to Guatemala, I decided to take a side trip to the Chichicastenango market, having known it to be famous for its indigenous textiles with their magnificent colors and beautiful designs. I had made the four-hour journey through the Guatemalan countryside, arriving at the small village with its lone church, and walked slowly, astonished by the beauty of the textiles. Overwhelmed, I soon stopped at one stall where I began looking at the articles, while, in turn, the Mayan woman looked at me so cautiously.

③ "Hello," I said. "How much is this shawl?" I continued in Spanish, wanting to get an idea of the prices. "1,000 quetzales, or 120 dollars," the woman answered coldly in Spanish. "Oh," I said, thinking that the price was rather high. "Well, how much is that one?" I asked pointing to a lovely black and white shawl beside her. "1,500 quetzales, about 180 dollars," the woman responded coldly again. "Oh," I said again, not sure whether I should negotiate for a lower price or move on to another stall. My plan was to get a general idea of the prices before making a purchase. "Well," I asked again in Spanish, "How much is that blanket over there?" "2,000 quetzales, about 240 dollars," the woman said as coldly as before.

④ Having traveled extensively throughout much of Latin America, Asia, and Europe, I was used to being treated in many different ways, but never with this coldness, and so, not enjoying the situation and wanting to see more of the market, I looked at the woman and said, "Thank you." Upon hearing those words and seeing me begin to move away, the woman's face became furious, and as I began walking towards another stall, she quickly stood up and ran past me, whispering something to the various stall owners whom she hurriedly passed, one after the other, all the while pointing at me. When I arrived at another stall, one where I had seen her whisper to the owner, I looked a bit at the items, and asked the heavy-set woman the price of a beautiful green shawl that had caught my eye. "Oh," she answered in Spanish, "One million quetzales." "Gracias," I said and then moved to another stall, where I asked the price of a pretty blanket that I noticed. "Oh," the owner answered. "Five million quetzales."

⑤ Now, prices of goods in markets in many places in the world are negotiable, sellers and buyers, both playing a game as old as trade itself. However, upon hearing that final offer, I realized that the woman I had met at the first stall had destroyed my chances to do any meaningful negotiation there. Understanding that, I gave up and, looking straight ahead, began to walk through the market making my way towards the small church that I could see beyond, outside of the market area. Then, when I was about to leave it behind, I caught a glimpse of a deeply yellow shawl at the last stall. Willing to try one last time to make a purchase, I stopped and looked inside at a Mayan woman who returned my look, her face beaming with a beautiful smile. "Hi," I said. "How much is this beautiful shawl?" "Senora," she replied. "It's 300 quetzales."

⑥ I bought that shawl that day without any negotiation. I then took it home, carrying with me the memories of that market in Chichicastenango and the idea that strangers in strange places can have strange experiences.

①私がグアテマラのチチカステナンゴ市場で、露店に並べてあった色とりどりの織物を見つめ手触りを確かめると、マヤ人女性は不審そうに私を見ました。まあ、そうされても仕方ない、と深い黄色のショールと複雑な模様の毛布を眺めながら私は思いました。白人とマヤ人の間には何世紀にもわたる対立があったのだから、彼女が私を信用しないだけの理由は十分にありました。

②グアテマラへの旅行で、私は、見事な色彩と美しいデザインを持つこの土地特有の織物が有名なことを知り、チチカステナンゴ市場に立ち寄ることに決めたのです。グアテマラの田舎を4時間旅して、教会がぽつんとある小さな村に到着すると、私は織物の美しさに感服しながらゆっくりと歩きました。圧倒された私は、すぐに1つの露店で足を止め、そこで品々を見始めたのですが、その間、翻ってそのマヤ人女性は、ひどく警戒しながらこちらを見たのでした。

③私は「こんにちは」と声を掛け、値段の見当を付けたくて、スペイン語で「このショールはいくら?」と続けました。「1,000ケツァル、つまり120ドル」と女

性はスペイン語で冷たく答えました。ずいぶん高い値段だと思いながら、「ふうん」と私は言いました。「じゃあ、それはいくら？」彼女のすぐ横にあったきれいな白黒のショールを指さして、私は尋ねました。「1,500ケツァル、180ドルくらい」と女性は再び冷たく答えました。値切る交渉をすべきか、別の露店へ移動すべきか決めかねて、私はまた「ふうん」と言いました。私の計画は、購入する前に値段のおおよその見当を付けておくことでした。「それじゃあ」と私はまたスペイン語で尋ねました。「そこの毛布はいくら？」。「2,000ケツァル、240ドルくらい」と、女性は前と同じ冷たさで答えました。

④中南米やアジア、ヨーロッパの各地を広く旅行してきたので、私はいろいろと違った扱いをされることには慣れていましたが、このような冷淡さには決して慣れていませんでした。そのため、その状況が楽しめず、市場をもっと見たかったので、私は彼女を見て「ありがとう」と告げました。その言葉を聞き、私が立ち去ろうとするのを見た途端、彼女の顔は激怒の表情となりました。そして、私が別の露店に向かって歩きだすと、彼女は素早く立ち上がり、走って私を追い越し、ずっと私を指さしながら、さまざまな露店を急いで通り過ぎては店主たちに次々と何かささやいていったのです。私は、別の露店―彼女が店主にささやいているのを見た店―に着くと品物を少し見て、体格のいい女性に、目を捕らえた美しい緑のショールの値段を尋ねました。「ああ」と彼女はスペイン語で答えて、「100万ケツァルです」。「グラシアス（ありがとう）」と私は言って、また別の露店へと移動し、そこで目を引いたきれいな毛布の値段を尋ねました。「ああ」と店主は答えて、「500万ケツァルです」。

⑤さて、世界中の多くの場所では市場の商品の値段は交渉可能であり、売り手と買い手の両方が、売買そのものと同じくらい古くからあるゲームを行っています。しかし、最後の言い値を聞いた途端、私は、最初の露店で会った女性がそこで意義ある交渉をする機会をすべてつぶしたのだと気付いたのです。これを理解した私は、あきらめて、真っすぐ前を見ながら市場の中を歩き始め、向こう側、市場地区の外に見える小さな教会へと進みました。そして、そこを離れる直前に、最後の露店で深い黄色のショールを目にしたのです。最後にもう1度買い物を試してみたくなったので、足を止めて中のマヤ人女性を見ました。彼女は明るい笑顔を浮かべてまなざしを返してくれました。「こんにちは」と私は言いました。「この美しいショールはいくら？」。「セニョーラ（奥さん）」と彼女は答えて、「300ケツァルです」。

⑥その日私は、そのショールを何も交渉せずに買いました。そして、チチカステナンゴの市場の思い出と、見知らぬ土地の異邦人は不可思議な体験をするのだという感慨とを携えながら、家に持ち帰ったのでした。

Comment from Kimutatsu

知らない地名が入っていると非常に聞き取りにくいけど、それが地名だということがわかれば問題ない。知らない単語や表現があって100%聞き取れなくても、全体で何を言っているかを理解しようとする姿勢が大事なのであって、その姿勢があると、多少聞き取れなくても動揺することなく最後まで聞き取ることができるようになるんやね。

今回で**170 wpm**のスピードは最後。この速さにもだいぶ慣れたでしょうか？　次の**Trial Test**からはさらに速さが上がります。まずはこのスピードでの総仕上げに挑みましょう。

🎧 22

(A)

これから放送するインタビューを聞き、(1) ～ (5) の問いに対して、それぞれ最も適切な答えを一つ選べ。

(1) **Scientists changed their focus from possible life forms in outer space to**

a) the essential elements for life.
b) planets or moons made entirely of water.
c) man-made structures in space.
d) having more exploration on the Earth.
e) researching the atmosphere around planets.

(2) **According to Dr. Kilmer, scientists assume there is no liquid water on the surface of Mars because**

a) the temperature on Mars is close to absolute zero.
b) there is no sign of the existence of underground water.
c) there is not enough water to make oceans or rivers.
d) water is evaporated by solar radiation and the thin atmosphere.
e) there is no evidence other than canal-like features.

(3) **When speaking of Saturn, Dr. Kilmer said**

a) its moons' rings contain water.
b) it would be wrong to describe it as a gas giant.
c) some lakes on its surface contain methane.
d) it has the ingredients for life.
e) it does not actually have a surface.

(4) **The three factors that we learned from the discovery on Enceladus do NOT include**

a) the possibility of the existence of water.
b) a lake of certain gases.
c) a few organic substances.
d) a hot core causing eruptions.
e) carbon dioxide and methane.

(5) **What scientists believe they might find on Enceladus is**

a) a few complex organisms.
b) liquid water on its surface.
c) tiny, simple life forms.
d) enough atmosphere to support human life.
e) hot springs that you can soak in.

🎧 23

(B)

これから放送するのは、(A) に関連した架空のラジオ番組の一部である。これを聞き、(6) ～ (10) の問いに対して、それぞれ最も適切な答えを一つ選べ。

(6) **Dr. Kilmer is a technician**

a) who helped design the robotic research vehicles currently on Mars.
b) who used to work at NASA.
c) who celebrated the program's success in Washington.
d) who is responsible for extending the program's reach.
e) who has frequently appeared on TV.

(7) **According to the radio program, Dr. Kilmer expected**

a) one year for a more thorough examination.
b) to continue the program for good.
c) the rovers to work for six months at first.
d) to be celebrating his triumph.
e) his database to be stolen by another team.

(8) **According to Dr. Kilmer, the problem for the rovers is**

a) heavy Martian rainstorms.
b) the rovers' decreasing output.
c) heavy radiation from the sun.
d) the rovers' poor design.
e) high pressure in outer space.

(9) **According to Dr. Kilmer, the recent major discoveries by the rovers do NOT include**

a) traces of an old earthquake.
b) evidence of rainfall in the past.
c) proof of old hot springs.
d) a weather phenomenon involving wind and dust.
e) a crack in the surface of the ground.

(10) **When Dr. Kilmer remarks "It's not like some competition," he means**

a) his study is not competitive enough.
b) the work is an adventure rather than a mission.
c) making headlines in the papers is exciting.
d) his rover mission resulted in a disappointing outcome.
e) he was happy about someone else's achievement.

🎧 24

(C)

これから放送する講義を聞き、(11) ~ (15) の問いに対して、それぞれ最も適切な答えを一つ選べ。

(11) According to the speaker, students should be taught language or mathematical skills because

    a) those skills are overwhelming.
    b) they are necessary for living in modern society.
    c) those are potential skills that we all have.
    d) students' skills in those fields are undervalued.
    e) those are more important than bodily intelligence.

(12) According to the speaker, one method for training the development of logic skills is

    a) puzzles.
    b) word games.
    c) building blocks.
    d) discussions.
    e) gesturing.

(13) According to the speaker, the skill that helps in rearranging the furniture is

    a) reading skill.
    b) logical skill.
    c) mathematical skill.
    d) linguistic skill.
    e) spatial skill.

(14) **The ability to communicate with your friends is called**

   a) intrapersonal intelligence.
   b) bodily intelligence.
   c) musical intelligence.
   d) naturalistic intelligence.
   e) interpersonal intelligence.

(15) **In the speech, the speaker does NOT mention that**

   a) some skills we have are undervalued.
   b) recognizing patterns is mathematical skill.
   c) knowing oneself better helps us get along with others.
   d) scouts should teach others about journal writing.
   e) building blocks develop dexterity.

解き終わったら、次ページからの
解答と解説をチェック！

Trial Test 8
▶解答と解説

（A）

［設問から得られるヒント］
設問からは、宇宙についての研究が絡んでくる内容と考えられる。
［設問ごとのリスニングポイント］
(1) 予想が難しい問題なので、change や focus といったカギになりそうな語を念頭に置くしかないだろう。
(2) Mars や liquid water on the surface などをポイントにして、その周囲の情報を整理しよう。
(3) いくつか述べられる特徴のうち、土星について当てはまるものを把握しよう。
(4) 例によって、含まれているものを中心に聞き取りをしていけばよい。
(5) Enceladus という特徴のある語がカギなので、選択肢にあるような語と合わせてリスニングする。

(1) 正解：a)

科学者たちは注目の的を、存在するかもしれない外宇宙の生命体から、……へ移した。
a) 生命に不可欠な要素
b) すべて水でできた惑星や衛星
c) 宇宙にある人造建造物
d) 地球でもっと探索すること
e) 惑星を取り巻く大気の調査

解説
第2段落で、Liquid water is considered one key element in the creation of life（液体水は生命創造の重要な要素であると考えられています）と述べた上で、scientists have changed their focus to finding the building blocks of life.（科学者たちは生命の構成要素の発見に焦点を移しました）とある。よって、正解は a) である。

(2) 正解：d)

キルマー博士によると、科学者は火星の表面には液体水がないと考えている。なぜなら、……からだ。
a) 火星の気温は絶対零度に近い
b) 地下水の存在を示す証拠がない
c) 海や川を作るのに十分なほど水がない
d) 水は太陽照射と薄い大気によって蒸発させられてしまう
e) 運河に似た構造のほか、証拠がない

解説

第4段落に Mars' thin atmosphere and heavy solar radiation cause any surface water to immediately evaporate into space.（火星の希薄な大気と激しい太陽照射が、表面水をたちまち宙に蒸発させてしまいます）とあるので、d)が正解。a)の絶対零度は宇宙全体の温度について述べられているので不適切。

（3）正解：e)

土星についての説明の中でキルマー博士が述べたのは

a) 土星の衛星が持つ輪は水を含んでいる。
b) 巨大なガス惑星と表すのは誤りだろう。
c) 表面にあるいくつかの湖にメタンが含まれる。
d) 生命の構成要素がある。
e) 実際には表面がない。

解説

第6段落で土星の特徴について挙げられている。It has no real surface to speak of.（表面と言えるほどのものはありません）を言い換えたe)が正解。メタンの湖を持つのは土星の衛星タイタンなので、c)は不適切。

（4）正解：b)

エンケラドゥスでの発見から分かった3つの要素に含まれていないものは

a) 水が存在するという高い可能性。
b) ある種のガスの湖。
c) いくつかの有機物。
d) 噴出を起こしている熱い核。
e) 二酸化炭素とメタン。

解説

どの選択肢の内容も放送文の第6段落に登場する。しかし、b)だけはエンケラドゥスではなく、the popular moon, Titan, and its possible lake of methane and ethane gas（よく知られた衛星タイタンと、そこに存在する可能性のあるメタンとエタンのガスの湖）とあるように、別の衛星についての事実なので、これが正解である。

（5）正解：c)

科学者がエンケラドゥスで見つけることを期待しているものは

a) いくつかの複雑な有機体。
b) 表面の液体水。
c) 小さく、単純な生命体。
d) 人の命を支えるのに十分な大気。
e) つかることができる温泉。

解説

最後の段落からの出題。the best scientists hope for would be the discovery of a microbial form of life（科学者がせいぜい望みを持てるのは、微小な生命体の発見くらいだろう）のmicrobial form of lifeを言い換えたものが c)なので、これが正しい。段落内では atmosphere、complex organism、liquid waterといった語も出てくるが、問題の答えには当てはまらない。

▶スクリプトと訳

  Interviewer Dr. Kilmer

(A) 🎧22

Interviewer: ①Scientists and science-fiction writers alike were extremely excited about Mars in the late 1800s. Early telescopic observations of the planet discovered canal-like features on its surface. This gave rise to the idea that there might be not only water, but canal-building intelligent life there. Sadly for the scientific world, both theories were soon discovered to be false. But the lack of Martian marshes certainly does not point to any shortage of water in the universe. Today, our guest speaker, Dr. Kilmer here, will tell us about the search for liquid water on other planets.

Dr. Kilmer: ②This theme, the search for liquid water on other planets, has become the overriding issue of astrobiology. Liquid water is considered one key element in the creation of life, and rather than searching fruitlessly for signs of unknown beings from outer space, scientists have changed their focus to finding the building blocks of life. The discovery of water on any planet or moon would target it for a much closer examination.

Interviewer: ③Water in the universe is more abundant than we might think, and is produced naturally in the formation of stars. Scientists have discovered the presence of water in the clouds surrounding newly formed stars; many comets are largely comprised of ice and dust; Mars has small ice caps at its north and south poles which grow and shrink with the seasons; and there is even some evidence that there might be ice beneath the surface of our own moon.

Kilmer: ④But liquid water, which covers roughly 70 percent of the Earth's surface, is in much shorter supply in space. Temperatures in space, which can come close to absolute zero, guarantee that most water will permanently remain in the form of ice. While it is now popularly theorized that Mars did once have flowing liquid water on its surface and possibly still have periodic flows of water from underground sources, it is impossible for oceans, lakes, or rivers to form. Mars' thin atmosphere and heavy solar radiation cause any surface water to immediately evaporate into space.

Interviewer: ⑤I see. By the way, I heard attention has been shifting to Saturn — the enormous planet most famous for its rings.

Kilmer: ⑥It's one of the solar system's gas giants. It has no real surface to speak of. However, photographs and other images sent back from Saturn's moons by the Cassini spacecraft delivered some surprising discoveries. While much focus had been placed on the popular moon, Titan, and its possible lake of methane and ethane gas, an almost accidental discovery revealed an eruption of water from the surface of another moon, Enceladus. The discovery quickly revealed three things: positive evidence of water beneath the surface of the moon; a live, heated core which is causing the eruptions; and several important organic materials such as carbon dioxide and methane. Simply put Enceladus has all the ingredients to form life.

Interviewer: ⑦Will there be Enceladians relaxing in hot tubs at the foot of this geyser?

Kilmer: ⑧Not likely. The surface of Enceladus is still a frozen wasteland, and the atmosphere is too thin to support any kind of complex organism. Volcanic vents from the center of the moon meet the pressurized water beneath its icy surface. Currently, the best scientists hope for would be the discovery of a microbial form of life living under extreme conditions. It may be decades or more before we're able to find out if such life exists, but in the search for liquid water, and thus extraterrestrial life, Enceladus has been propelled to the forefront of scientific interest.

インタビュアー：①1800年代の終わりごろには、科学者もSF作家も一様に火星のことで大いに胸を躍らせていました。この惑星の初期望遠鏡観察によって、その表面に運河に似た特徴が発見されたのです。このことは、そこに水だけでなく運河を建設する知的生命体も存在するかもしれないという考えを呼び起こしました。科学界にとっては残念ながら、どちらの仮説もすぐに誤りだと判明しました。しかし、火星に湿地がないからといって、宇宙に水が欠乏しているということには、もちろんならないのです。今日は、こちらにいらっしゃるゲストのキルマー博士に、液体水がほかの惑星に存在するか探索する試みについてお話しいただきましょう。

キルマー博士：②この課題、つまりほかの惑星での液体水の探索は、宇宙生物学の最重要課題となりました。液体水は生命創造の1つの重要要素と見なされており、外宇宙から来た未知の生命体の兆候を無駄に探すよりも、科学者たちは生命の構成要素の発見に焦点を移したのです。どの惑星または衛星で水が発見されても、はるかに精密な研究の的とされるはずです。

インタビュアー：③宇宙における水分は、想像する以上に豊富で、恒星の生成の際に自然に生み出されます。科学者たちは、新しく生成した恒星を取り巻く雲の中に、水の存在を見いだしていますね。多くの彗星は大部分が氷とちりで構成されています。例えば、火星には北極と南極に小さな氷冠があって、それが季節に応じて大きくなったり小さくなったりしています。また、私たちに身近な月の表面下に、氷があるという可能性を示す証拠もあります。

キルマー：④しかし、地球の表面のおよそ70パーセントを覆う液体水は、宇宙でははるかに乏しいのです。絶対零度にも近くなる宇宙の温度では、ほとんどの水分が恒久的に氷の状態であり続けます。現在、火星の表面にもかつて確かに液体水が流れたとする仮説が一般的であり、今も地下を源とする断続的な水流があるかもしれませんが、海や湖、川を形成するのは不可能です。火星の希薄な大気と激しい太陽照射が、表面水をたちまち宙に蒸発させてしまいます。

インタビュアー：⑤なるほど。ところで、聞いたところによりますと、最近では注目が土星に移ってきているそうですね。輪を持つということが大変よく知られた、あの巨大な惑星です。

キルマー：⑥太陽系の巨大ガス惑星の1つです。これといった実質的な表面は持ちません。しかしながら、宇宙探査機カッシーニによって土星の衛星から送り返された最近の写真とそのほかの映像によって、非常に驚くべき発見がもたらされました。よく知られた衛星タイタンと、そこに存在する可能性のあるメタンとエタンのガスの湖がよく注目されてきましたが、ほとんど偶発的とも言える発見で、別の衛星エンケラドゥスの表面からの水が噴出していることが分かりました。この発見は、すぐに3つの事柄を明らかにしました。すなわち、この衛星表面下に水があり、噴出を起こしているのは活動中の熱を持つ地核であり、そして二酸化炭素やメタンといったいくつかの重要な有機物があるという、これらの明確な証拠です。簡単に言うと、エンケラドゥスには生命形成の材料がすべてそろっているわけです。

インタビュアー：⑦この間欠泉のふもとには、露天風呂に浸かってくつろいでいるエンケラドゥス星人がいるでしょうか？

キルマー：⑧それはなさそうです。エンケラドゥスの表面はやはり凍った荒れ地であって、大気が希薄すぎて複雑な有機体を支えることができません。この衛星の中心からの噴出物が、凍った表面下で加圧された水とぶつかっています。現在のところ、科学者がせいぜい望みを持つのは、過酷な条件下で生きる微生物を発見することくらいでしょう。そうした生命体が存在するのかどうか、判別できるまでに数十年、あるいはもっとかかるかもしれません。しかし、液体水、ひいては地球外生命体を探索する過程で、エンケラドゥスは科学的関心の最前線に引き出されたのです。

(B)

[設問から得られるヒント]
大きなテーマは（A）と同様に「宇宙」である。ただ、指示文に「ラジオ番組」とあるように、毛色の違う部分がありそうだ。
[設問ごとのリスニングポイント]
(6) ラジオ番組で人物紹介がされるはずと予測して聞こう。
(7) 博士の発言や相手の質問にexpect、hope、wantなどが聞こえれば、そこが該当することになるだろう。
(8) 今度はproblemや、それに近い語がキーワードになる。
(9) 言われないものは聞こえない。よって、いつも通りに、聞こえたものから除外していこう。
(10) 設問中に博士の発言が抜き出されているので、これを頼りにリスニングを進めよう。

(6) 正解：a)

キルマー博士は技術者であり……人物である。
a) 現在、火星で無人調査中の探査車を設計するのに協力した
b) かつてNASAで働いていた
c) ワシントンで計画の成功を祝った
d) 計画の期間延長において責任がある
e) テレビによく登場してきた

解説

このラジオ番組の導入部分で司会者がキルマー博士のこれまでの業績を紹介しているHe also had a hand in designing the rovers themselves.（彼はまた、探査車そのものの設計にも携わりました）から、a)が正解。a head technician at NASA（NASAの技術主任）は現在の任務なので、b)は不適切。

(7) 正解：c)

ラジオ番組によると、キルマー博士は、……を期待していた。
a) より徹底的な調査のための1年
b) この計画を永久に続けること
c) 探査車が初めの6カ月間動くこと
d) 彼の成功を祝っていること
e) ほかのチームに自分のデータベースを盗まれること

解説

設問がやや漠然としているので、どこかに絞るのが難しいかもしれない。計画はどのくらいの期間続くと思っていたかというデビッドからの質問に対して、第8段落でInitially, we had hoped the machines would continue to operate for six months.（当初、私たちは、その機械［探査車］が6カ月活動を続けてくれればいいと思っていました）答えている。正解はc)である。

(8) 正解：b)

キルマー博士によると、探査車の問題とは

a) 火星の強い暴風雨。
b) 探査車の低下している出力。
c) 太陽からの強い照射。
d) 探査車の下手な設計。
e) 宇宙空間での高圧。

解説

「問題はあるか」との質問に対して、キルマー博士が第10段落で答えている。探査車の太陽光集積装置が砂をかぶってしまうと述べ、it becomes difficult for the rovers to get enough sunlight to operate to their full capacity. The slowdown has become quite significant recently.（探査車が全性能を発揮するのに十分な太陽光を得るのが難しくなります。そうした停滞が最近かなり深刻です）と続けている。探査車の出力低下を意味するb)が正解だ。

(9) 正解：a)

キルマー博士によると、最近の主な発見に含まれていないのは

a) 古い地震の跡。
b) 過去の降雨の証拠。
c) 古い温泉の証拠。
d) 風とほこりを含む気象現象。
e) 地表に入った亀裂。

解説

第10段落のThese storms and winds can throw a lot of dust（暴風がほこりをたくさん飛ばす）がd)に該当。また、第12～14段落で、最近の発見を列挙している。具体的にはthere were rains at one time（ある時期に雨が降った）、the site of an ancient hot spring（昔の温泉跡）a crack in the surface of the ground（地表に入った亀裂）とあり、選択肢b)、c)、e)に合致する。a)に関する言及はないので、これが正解となる。

(10) 正解：e)

「何かの競争のようなものではない」とキルマー博士が発言したとき、意味したことは

a) 彼の研究は十分に競争力がない。
b) その調査は、任務というよりも冒険である。
c) 新聞の見出しを飾ることにはわくわくする。
d) 彼の探査車調査は残念な結果に終わった。
e) 彼はほかの人の成功についてうれしく感じた。

解説

設問になっているのは、リサが「ほかの研究者が大発見をしたが」と水を向けた最後の場面。博士はI was as excited about that as anyone! For me, it's all one big adventure.（誰にも負けないくらい興奮しましたよ！　私にとっては、全部で1つの大冒険なのです）と述べている。e)が彼の考えを表す選択肢と分かる。

▶スクリプトと訳

(B) 23 Lisa Dr. Kilmer David

Lisa, Host 1: ①Dr. Rudy Kilmer is a head technician at NASA, working with the Mars Rover program, which sent two robotic research vehicles to the surface of the red planet in 2004. He also had a hand in designing the rovers themselves. He is here with us today. Dr. Kilmer, welcome.

Dr. Kilmer: ②Hi Lisa, thanks.

Lisa: ③So, I understand there was something of a celebration recently regarding the rover program.

Kilmer: ④Oh, well, there have been various celebrations over the years, but yes, we were recently lucky enough to have Washington agree to extend the program. So, yes, it was some great news for us, as you can imagine.

David, Host 2: ⑤How much longer will Spirit and Opportunity be operating?

Kilmer: ⑥Well, so much depends, of course, on the quantity of data that the rovers can put out, but if things continue to go well for us, we could still be getting results from the surface for another year.

David: ⑦And how long did you expect this project to last originally?

Kilmer: ⑧Oh, our hopes were very conservative. Initially, we had hoped the machines would continue to operate for six months. But they've exceeded all our expectations. It's just been fantastic.

Lisa: ⑨Are there any problems that you expect will eventually shut the rovers down for good? They're solar powered, aren't they?

Kilmer: ⑩Yes, well, each rover has two large, wing-like apparatuses to collect sunlight. But as you might guess, the surface of Mars is extremely dusty and there are occasional dust storms. These storms and winds can throw a lot of dust into the solar collectors, and it becomes difficult for the rovers to get enough sunlight to operate to their full capacity. The slowdown has become quite significant recently.

David: ⑪What are some of the major breakthroughs that the rovers have come across? No Martians peeking in the camera yet, I imagine?

Kilmer: ⑫Um, no. No Martians. But we've collected some very, very conclusive evidence that water once flowed on the surface of Mars. So much so, that we feel confident that we can form a kind of climatic history, showing that there were rains at one time, followed by a drier period in which groundwater occasionally rose from below the surface.

⑬We also recorded some actual whirlwinds, thanks to the camera on Spirit. That was just an awesome thing to watch.

⑭Um, another major find came last December, when Spirit discovered a large silica deposit close to the surface. This means that we are either looking at the site of an ancient hot spring, or at what's called a "fumarole" — basically, a crack in the surface of the ground through which hot steam rises. It's not recent activity, clearly. But on Earth we have seen microbial life in fumaroles, and so there is that possibility to examine on some future mission.

Lisa: ⑮How do you guys feel about the Cassini discoveries of liquid water on Saturn's moon Enceladus. Did it feel a little like they'd stolen your thunder?

Kilmer: ⑯Ha-ha. No, no. I mean, I was as excited about that as anyone! For me, it's all one big adventure. It's not like some competition to see whose mission can get the better newspaper headline. And the rover missions have uncovered so much that we didn't know about Mars that I'm just happy being a part of it.

リサ、司会者1：①ルディ・キルマー博士は、NASAの技術主任です。2004年に2台のロボット探査車をこの赤い惑星（火星）の表面に送り込んだ、火星探査車計画を担当しています。博士はまた、探査車そのものの設計にも携わりました。ご本人が今日ここにいらっしゃっています。キルマー博士、ようこそ。

キルマー博士：②やあ、リサ、ありがとう。

リサ：③さて、探査車計画に関して最近何かお祝い事があったと伺っていますが。

キルマー：④ああ、そうですね、ここ数年いろいろとお祝いはあったのですが、そう、最近では幸運なことに、ワシントンに計画の延長を認めてもらえました。ですから、ええ、私たちにとってかなりうれしいニュースでしたよ、ご想像いただけますよね。

デビッド、司会者2：⑤スピリットとオポチュニティーは、さらにどれだけの期間、活動することになるのですか。

キルマー：⑥そうですね、非常に多くの部分が、当然ながら、探査車が発信できるデータの量にかかっています。しかし、もし物事が順調に続いたら、まだあと1年間は（火星の）表面からの結果を受け取れるでしょう。

デビッド：⑦それで、当初はこの計画がどれだけ続くと予想なさっていましたか。

キルマー：⑧ああ、私たちの期待はごく控えめでしたよ。当初、私たちは、この機械（探査車）が6カ月活動を続けてくれればいいと思っていました。ところが、私たちの期待をすっかり超えてしまいました。とにかく素晴らしいですよ。

リサ：⑨やがては探査車を永久に停止させてしまうと思われる問題はありますか。あれらは太陽発電で動いていますよね？

キルマー：⑩そうです、ええと、それぞれの探査車に2つ、大きな翼状の太陽

光を集める装置が付いています。ところが、ご想像いただけるでしょうが、火星の表面は極度にほこりっぽく、時折、砂嵐が起こります。こうした嵐や風が、多くの砂ぼこりを太陽光集積装置に飛んでくるので、探査車が全性能を発揮するのに十分な太陽光を得るのが難しくなります。そうした停滞が最近かなり深刻です。

デビッド：⑪探査車が遭遇した大きな新発見にはどんなものがありますか。まだ火星人がカメラをのぞき込んではいないと思いますが？

キルマー：⑫ああ、いませんね。火星人はゼロです。ですが、私たちは、水がかつて火星の表面を流れていたことを示す、とても、とても決定的な証拠を収集しました。非常にそう（決定的）であるため、気候の歴史のようなものを組み立てられる自信がかなりあります。ある時期に雨が降り、その後に乾期が来て、その際に地下水が時々地表の下から噴き出した、というように。

⑬私たちはまた、スピリットのカメラのおかげで、実際のつむじ風も記録しました。まさにすごい見ものでしたよ。

⑭ああ、もう1つの大きな発見は去年の12月に訪れました。その時は、スピリットが地表近くに大きなシリカ（二酸化ケイ素）堆積を見つけたのです。これはつまり、昔の温泉跡か、「噴気孔」と呼ばれるもの――要するに、水蒸気が通って立ち上る地表の割れ目――か、どちらかを見つけたことになります。明らかに、最近の活動ではありません。しかし、地球では噴気孔で微生物が見られますから、そういった可能性については今後の探査で検証すべきところです。

リサ：⑮カッシーニによる土星の衛星エンケラドゥスでの液体水発見については、どうお感じですか。出し抜かれた感じはちょっとありましたか。

キルマー：⑯ハハハ。いえいえ。と言うより、あれについては誰にも負けないぐらい興奮しましたよ！　私にとっては、全部で1つの大冒険なのです。誰の探査活動が大きくニュースの見出しを飾るか競争しているわけではないですから。それに、探査車の活動は、火星について私たちの知らなかったことをとてもたくさん明らかにしてくれましたから、そこに参加できて私はただただ満足です。

(c)

[設問から得られるヒント]
設問から察するに、人間の能力に関する講義のようだ。
[設問ごとのリスニングポイント]
(11) どの選択肢もあり得そうなので、各選択肢のキーワードを頭に入れた上で放送文を聞くようにしよう。
(12) logic skillsや、それを言い換えた語句がキーワードになりそうだ。
(13) furnitureがキーワード。その周囲に答えがあるだろう。
(14) この問題は、選択肢からも正解が想像できるので、それを確認するくらいの気持ちで聞こう。ただし、決め付けてかかるのは危険。
(15) スピーチ全体から、述べられているものを4つ聞き取ればよい。当然、事前に選択肢を把握していないと厳しい問題だ。

(11) 正解：b)

話者によると、生徒たちは言語や数学の技能を教わるべきである。なぜなら、……からだ。
a) それらの能力は圧倒的だ
b) 現代社会で生きていく上で不可欠だ
c) 私たち全員が持っている潜在能力だ
d) 生徒たちのその分野での技能が過小評価されている
e) それらは身体的な知力よりも重要だ

解説

話者は第2段落でlanguage, logic, and mathematical skillsについて触れ、その中でWithout a doubt, these should be emphasized because they are necessary for successful participation in modern society.（疑いもなく、現代社会にうまく参加するためにはこれらのことが必要で、強調されるべきではあります）と言っている。したがって、正解はb)である。

(12) 正解：a)

話者によると、論理的能力の発達を鍛える方法は
a) パズル。
b) 言葉のゲーム。
c) 積み木。
d) 討論。
e) 身振り。

解説

論理的能力についてはThe second form of intelligenceで始まる第4段落にある。Number and logic games, puzzles, and other activities help children develop this kind of intelligence.（数や論理を用いたゲーム、パズルなどの活動が、子どもたちがこの知力を発達させるのに役立ちます）と言っているので、この中に含まれているa)が正解。

(13) 正解：e)

話者によると、家具の再配置に役立つ能力は
a) 読解力。
b) 論理的能力。
c) 数学的能力。
d) 言語力。
e) 空間的能力。

解説

第6段落にThis is what is involved when we plan the arrangement of furniture（これは、家具の配置を計画するときにかかわってくるもの）とあり、ここが出題個所。この段落は、Another type of intelligence is visual or spatial（もう1つのタイプの知力は、視覚的あるいは空間的なもの）について説明しており、e)が正解となる。

(14) 正解：e)

友人たちとコミュニケーションを取る能力は、……と呼ばれる。
a) 内面的な知力
b) 身体的な知力
c) 音楽的な知力
d) 自然に関する知力
e) 対人的な知力

解説

第8段落で2つの能力が挙げられていて、そのうちの1つがinterpersonal intelligence, the ability to understand, communicate, and collaborate with other people（対人的な知力、すなわち他人を理解し、コミュニケーションを取り、協力する能力）とある。よって、正解はe)。

(15) 正解：d)

スピーチにおいて、話者が言及していないことは
a) 私たちが持っている能力のいくつかは過小評価されている。
b) パターンを認識することは数学的能力である。
c) 自分をよく知ることで、他人とうまくやっていく助けになる。
d) スカウトは、日記のつけ方を人に教えるべきである。
e) 積み木は器用さを磨く。

解説

この問題は、スピーチ全体を通しての出題。全体の流れをつかめていないと厳しいかもしれない。a)は第2段落のwe all possess potential for other human skills, or forms of intelligence, that have been undervalued（誰もがそのほかの人的スキルあるいは、知能の形態について潜在能力を持っていますが、過小評価されてきました）に該当。b)については第4段落でThe second form of intelligence, which stresses the ability to …

recognize patterns, … is logical or mathematical.（2つ目の知力の形はパターンを認識する能力に重点を置き、論理的あるいは数学的です）とある。c)は第8段落のthose who understand themselves often work better with others.（自分自身を理解している人の方が、ほかの人とうまくやっていけることが多い）を言い換えたもの。e)については第5段落のbodily intelligence, which involves coordination and dexterity（身体的な能力、これには協調と器用さがかかわる）の例として、the use of building blocks（積み木を使うこと）が挙げられている。d)の「スカウトが日記のつけ方を教える」は言及されておらず、これが正解。

▶スクリプトと訳

① Good afternoon, everybody. Thank you for attending the 24th Biennial Education Symposium, which Dewey College has so graciously agreed to host this year. I hope some of the ideas presented today will be of use to those of you who are in the field of education, whether to help you decide on and develop curricula, to meet classroom challenges, or just to learn about developments in the field.

② My topic today derives from my own experiences within different school systems, whether moving through them as a student or working within them as an educator. Now, we are all aware that traditional education has placed an overwhelming emphasis on the development of language, logic, and mathematical skills. Without a doubt, these should be emphasized because they are necessary for successful participation in modern society. However, today, I would like to propose that we all possess potential for other human skills, or forms of intelligence, that have been undervalued, and this has damaged the overall experience of learning. I will argue that there are in fact multiple forms of intelligence, and that these should all be stimulated to help children learn and prepare for the real world. Let's briefly list these before we take a deeper look into the changes that I think should be made in school curricula.

③ The first form of intelligence that we can identify is, indeed, linguistic, which of course involves reading, writing, speaking, and listening. This intelligence can be nurtured by providing children with the opportunity to participate in various reading activities, discussions, word games, and so forth.

④ The second form of intelligence, which stresses the ability to solve problems, recognize patterns, and work with numbers, is logical or mathematical. Number and logic games, puzzles, and other activities help children develop this kind of intelligence.

⑤ Next, we have bodily intelligence, which involves coordination and dexterity, and the ability to express yourself or learn through physical activities. Activities that encourage development of this type of intelligence are sports and physical games as well as the use of building blocks, especially for younger children.

⑥ Another type of intelligence is visual or spatial, the ability to create and manipulate mental images and to visualize our environment in our minds. This is what is involved when we plan the arrangement of furniture in our homes, for example. Work with graphic and plastic arts, and exercises with spatial tasks can sharpen this kind of intelligence.

⑦ Musical intelligence obviously involves understanding and expressing yourself through music and rhythm. We all remember how chanting our ABCs helped us learn the alphabet, don't we? Singing, dancing, playing musical instruments, and listening to music are all activities that encourage children to cultivate this type of intelligence.

⑧ We also possess intrapersonal intelligence, which is the ability to understand our thoughts and emotions and learn to control them, and interpersonal intelligence, the ability to understand, communicate, and collaborate with other people. After all, those who understand themselves often work better with others. Reading, journal writing, and independent projects help develop the former intelligence, whereas games that encourage cooperation, group projects, and role-play nurture the latter one.

⑨ Another ability that has been downplayed in our modern lives is naturalistic intelligence, involving the observation and understanding of the natural world of plants and animals. We know that for generations scout leaders have helped boys and girls refine this intelligence; mainstream educators can help children exercise it by having them explore and classify natural phenomena.

⑩ Now, before we examine my curricula-related proposals, let's consider which ones might especially call for particular forms of intelligence.

①みなさん、こんにちは。第24回隔年教育シンポジウムにご出席いただきありがとうございます。今年はデューイ・カレッジが本シンポジウムを主催することに快く同意してくださいました。今日、紹介する考え方の中で、教育分野にいらっしゃるみなさんにとって、カリキュラムを決定し作成するため、クラスの課題を満たすため、あるいは単にこの分野での発展について学ぶために、お役に立つものがいくつかでもあればと望んでおります。

②今日お話しするテーマは、私自身が生徒として過ごした、または教育者としてその中で働いてきた、様々な学校システムにおける経験から得たものです。さて、私たちはみな、従来の教育では、言語と論理、および数学的能力の発達が圧倒的な重点を置かれていることを認識しています。疑いもなく、現代社会にうまく参加するためにはこれらが必要ですので、強調されるべきではあります。しかし、今日私が提示したいのは、誰もがそのほかの人的スキル、あるいは知能の形態について潜在的な能力を持っているのに、それが過小評価されてきたあまり、学習体験が全体的に損なわれてきたということです。私が主張したいことは、実際は多様な形の知力が存在すること、子どもたちに現実の世界を学んでもらい、現実に向き合う準備をしてもらうため、それらすべてを刺激するべきだということです。まず簡単にそれらを挙げてみましょう。その後で、私が学校のカリキュラム中で変えるべきだと考えていることについて、より詳しく検討していきましょう。

③最初に知力の形態として挙げられるのは、確かに言語に関するもので、これにはもちろん、読むこと、書くこと、話すこと、そして聞くことがかかわっています。子どもたちにさまざまな読書、討論、言葉のゲームなどに参加する機会を与えることで、この知力を育成できます。

④2つ目の知力の形は、問題を解決する、パターンを認識する、そして数を扱う能力に重点を置くもので、論理的あるいは数学的です。子どもたちがこの知力を発達させるには、数や論理を用いたゲーム、パズルなどの活動が助けとなるでしょう。

⑤次に、私たちには身体的な知力がありますが、これにかかわるのは協調と器用さ、そして、身体的活動を通して自己表現したり、学んだりする能力です。この種の知力の発達を促進する活動として、スポーツや身体を使ったゲームと同時に、特に小さな子どもたちにとっては積み木を使うことが挙げられます。

⑥もう1つのタイプの知力は、視覚的あるいは空間的なものであり、心の中のイメージを創造したり操作したりする能力、心の中で自分の環境を視覚化する能力です。これは、例えば、家の中で家具の配置を計画するときにかかわってくるものです。絵画や造形芸術に取り組んだり、空間作業で練習したりすることで、この種の知力を磨くことができます。

⑦音楽的な知力は当然、音楽とリズムを通して自分自身を理解し、表現することにかかわってきます。みなさん覚えていますよね、ABCの歌を口ずさめば、アルファベットを学びやすかったでしょう？　歌うこと、踊ること、楽器を演奏すること、音楽を聞くことはすべて、子どもたちがこの知力を高めることを促進

する活動なのです。

⑧私たちはまた、内面的な知力を持っています。すなわち、思考や感情を理解しコントロールできるようになる能力です。それにまた、対人的な知力も持っています。こちらは、他人を理解しコミュニケーションを取り、協力する能力です。結局のところ、自分自身を理解している人の方が、ほかの人とうまくやっていけることが多いものです。読書、日記をつけること、そして1人で行うプロジェクトは、前者の（内面的）知力を発達させる助けとなり、一方で、協力してやるゲームやグループでのプロジェクト、そしてロールプレイングは、後者の（対人的）知力を育成します。

⑨現代生活で軽視されてきたもう1つの能力は、自然に関する知力です。これには、植物や動物の自然な世界を観察して理解することがかかわっています。ご存じのように代々、スカウトのリーダーたちのおかげで、少年、少女はこの知力を磨くことができました。主流の教育者は、子どもたちに自然現象を探求させたり分類させたりしながら、この知力を実践させることができるのです。

⑩さて、カリキュラムに関連して私から提案がありますが、それを検討する前に、どの案にはどの形態の知力が特に必要か、考えてみましょう。

Comment from Kimutatsu

大学に入ったら一度TOEICを受験してみよう。この本をやっている人たちは、リスニングに関しては相当鍛えられているはずなので、自分が思っている以上にリスニングで点数が取れるはず。でも、慢心することなかれ。日本語の中で生活しているとすぐに英語のリスニング力は衰える。大学に入るための勉強じゃなく、合格の向こう側を見据えて勉強しよう！

この **Trial Test 9** から、さらにスピードが上がります。英語話者でも速いと感じるペースとなりますので、心してかかってください。残り、2つ。最後まで頑張りましょう。

🎧 25

(A)

これから放送するのは、**2050**年に行われたという設定の架空の記者会見である。これを聞き、(1) ～ (5) の問いに対して、それぞれ最も適切な答えを一つ選べ。

(1) According to the introduction, the gap between the revised population estimates and the 2045 estimates is about

    a) 45 million.
    b) 47 million.
    c) 2 million.
    d) 100 million.
    e) 120 million.

(2) The minister was appointed by the government to address

    a) the potential problems of a future baby boom.
    b) the public desire for an increase in the state pension.
    c) the fact that women are giving birth later in life.
    d) the population increase in the mid-21st century.
    e) the nation's falling number of births.

(3) According to the minister, the 2030 problem was that

    a) people over 65 years old comprised more than half of the population.
    b) people over 65 years old comprised more than one third of the population.
    c) people over 70 years old comprised more than half of the population.
    d) people over 70 years old comprised more than one fifth of the population.
    e) people over 70 years old comprised more than one quarter of the population.

(4) **The minister mentions some consequences of the decreasing number of workers. One which he does NOT mention is**

a) a lot of bankruptcies.
b) a decrease in the number of contracts.
c) the relocation of companies.
d) the avoidance of investment.
e) closing of industries and colleges.

(5) **According to the minister, one of the "social changes" is that**

a) fewer people are in a position to try new ideas that might boost the economy.
b) the positive impact made by elderly people is not powerful.
c) elderly people attempting to make an economic impact fail all the time.
d) less than half of the population are in stable jobs.
e) tax rates have reached their lowest point ever.

🎧 26

(B)

これから放送するのは (A) に続く質疑応答である。これを聞き、(6) ～ (10) の問いに対して、それぞれ最も適切な答えを一つ選べ。

(6) **According to the minister, the information from the Statistics Bureau is based on**

a) the result of research on communication.
b) the response to a census from all around the nation.
c) questionnaires they offered citizens in the capital.
d) a survey conducted by various households in the country.
e) short-term population trends in the country.

(7) **According to the minister, regarding the 2100 population estimate, the government has worked out**

a) three different figures, and one of them has been released.
b) figures based on a census of middle-class people.
c) figures using historical trends in the country.
d) figures by specifically analyzing mortality rates.
e) five different figures, and one of them has been analyzed.

(8) **According to the minister, possible reasons for a decreasing population do NOT include that**

a) many working couples find it hard to raise children.
b) it is not financially easy to raise children.
c) few couples have chosen the offered incentives.
d) taxes will be higher when couples have children.
e) a work and family-life balance can be difficult to keep.

(9) **One of the reporters asks the minister if the government is going to**

a) increase the workforce through tax reductions.
b) accept foreign workers as part of the workforce.
c) open the door wider for expected emigrants.
d) change its policy about taxes for foreign workers in the country.
e) direct the reporters' questions to the Ministry of Justice.

(10) **The minister ends the press conference**

a) although he does not say why.
b) because of the reporters' aggressive questions.
c) by directly answering the final question.
d) to attend another engagement.
e) because he could not answer the reporter's question.

🎧 27

(C)

これから放送するスピーチを聞き、(11) ~ (15) の問いに対して、それぞれ最も適切な答えを一つ選べ。

(11) **At the beginning of the speech, the speaker says that corruption is caused by**

a) people who voted in an election.
b) people who run for an election.
c) people who are told to become an official.
d) people who appoint an official.
e) people who are offered rewards.

(12) **In his speech, the speaker mentions the political corruption of**

a) giving money to family or friends.
b) receiving stolen goods from police officers.
c) using public money personally.
d) stopping someone from paying tax.
e) failing to maintain democratic traditions.

(13) **The speaker mentions several possible results of political corruption. One which is NOT mentioned is that**

a) people would move out of the nation.
b) people would distrust their leader.
c) the nation would receive no investment.
d) voter turnout would increase.
e) power and wealth would be used unfairly.

(14) **The speaker says "pet" project in his speech. This might include**

   a) funding unnecessary construction.
   b) building banks in foreign countries.
   c) donations to hospitals.
   d) investment in necessary power plants.
   e) nature conservation projects.

(15) **The speaker believes that choosing to vote**

   a) can protect people living in poor conditions.
   b) changes little in the long run.
   c) is more important now than ever.
   d) should be enforced by law.
   e) is important for maintaining democracy.

解き終わったら、次ページからの
解答と解説をチェック！

Trial Test 9
▶解答と解説

(A)

[設問から得られるヒント]
指示文では場面設定が説明されている。設問からは人口、特にその減少が論じられていると
考えられる。
[設問ごとのリスニングポイント]
(1) 年号、人口と数字がたくさん出てきそうな問題になっている。数字、特に大きなものは
慣れないと聞き取りが難しいので、練習しておこう。
(2) ministerとは誰か、何をしているのかについて人物紹介があると予測しておこう。
(3) キーワードはthe 2030 problem。選択肢がややこしいため、何となく聞いているだけ
では落としてしまうので注意。
(4) いつもの通りに、聞こえたものから削って、消去法を使って解こう。
(5) この問題でもキーワードが与えられている。social changes を中心に、その前後から
答えを探すように聞こう。

(1) 正解：c)

導入部分によると、更新された推定人口と、2045年での推定人口の差は

a) 45,000,000人（4500万人）。
b) 47,000,000人（4700万人）。
c) 2,000,000人（200万人）。
e) 100,000,000人（1億人）。
d) 120,000,000人（1億2000万人）。

解説

放送文中では、具体的に両者の差が述べられてはいない。2つの数字を探して、引き算をして答
えを出す。2050年の見積もりはWe would also like to report a revision of our earlier
population estimates for the end of this century to less than 45 million. (今世紀末
の推定人口について、以前の数字から4500万人未満へ修正したこともご報告したい) とある。続
けてThat number is down from the more optimistic 2045 estimate of 47 million.
(この数字は、より楽観的だった2045年の推定人口4700万人より少ない) で2045年時点の推
定が言及されるので、この2つの差はc) である。

(2) 正解：e)

大臣は政府から……の問題に対処するべく任命された。

a) 将来起こり得るベビーブーム問題
b) 国の年金を増額してほしいという国民の要望
c) 女性の出産年齢が高齢化していること
d) 21世紀中盤の人口増加
e) 国内の出生数が減少していること

解説

冒頭の導入でthe nation's declining population（減少する国内人口）についてひと通り説明した後で、大臣を紹介している。また、大臣の肩書であるMinister of the State for Measures for Declining Birth Rate（少子化対策担当大臣）もキーワード。

(3) 正解：b)

大臣によると、2030年問題とは、……だった。
a) 65歳超の人が人口の半分より多くを構成すること
b) 65歳超の人が人口の3分の1超を構成すること
c) 70歳超の人が人口の半分より多くを構成すること
d) 70歳超の人が人口の5分の1超を構成すること
d) 70歳超の人が人口の4分の1超を構成すること

解説

2030年問題に触れているのは第3段落。the 2030 problem of a population over 65 representing 36 percent of the nation（65歳超の人口が国の36パーセントを示した2030年問題）とあるので、b)が正解。

(4) 正解：b)

大臣は労働者数が減少した影響をいくつか述べる。言及しないのは
a) 多くの倒産。
b) 契約件数の減少。
c) 会社の移転。
d) 投資の回避。
e) 事業所や大学の閉鎖。

解説

第5段落で労働力の減少について話されている。Many companies have contracted, gone bankrupt, or moved operations abroad.（多くの企業が規模を縮小したり、倒産したり、あるいは事業を海外に移しました）という1文にa)、c)が述べられている。続いてuniversities, colleges, and other industries … have been closing.（総合大学や単科大学のほか、事業所が閉鎖しています）はe)、段落後半のthere are fewer people willing to risk investment（進んで投資リスクを選ぶ人々が少なくなっています）がd)に当てはまる。残るb)は述べられていないので、正解。companies have contractedが引っ掛けになっているが、このcontractは「契約」ではなく「縮小する」という動詞。

(5) 正解：a)

大臣によると、「social changes」の問題点は
a) 経済を活性化する新しいアイデアを試みる立場の人がほとんどいないこと。
b) 高齢者がもたらす良い影響には、パワーが欠けること。
c) 経済的に影響をもたらそうと試みる高齢者が、常に失敗すること。
d) 安定した職に就いている人が人口の半分に満たないこと。
e) 税率が過去最低になったこと。

解説

第6段落でsocial changesの問題点がいくつか挙げられている。the 35.7 percent of our population who are over 65 are very unlikely to make an impact（わが国の人口の35.7パーセントは65歳超で、影響をもたらす見込みが非常に乏しい）、the 10.8 percent of our population younger than 15 are too few to make an impact.（わが国の10.8パーセントは15歳未満で、影響をもたらすには少な過ぎる）、The remaining 53.5 percent face an unstable job market（残りの53.5パーセントは不安定な雇用市場に直面している）、they are unlikely to risk attempting to make an impact.（彼らにとって、影響をもたらそうとリスクを試みるのは難しい）。ほとんどの人が社会にimpactを与えられない。正解はa)である。

▶スクリプトと訳

(A) Moderator Minister

Moderator: ①We announce today that government figures show that the nation's declining population has just reached the predicted mark of 100 million. We would also like to report a revision of our earlier population estimates for the end of this century to less than 45 million. That number is down from the more optimistic 2045 estimate of 47 million. We must wait until the 2055 census and further developments to see whether this revised figure should be amended again. Today Mr. Sakano, Minister of the State for Measures for Declining Birth Rate, will tell us more about this issue.

Minister: ②As we have annually informed the public in our state-of-the-nation reports, this long-term trend of national population loss has continued since its 2004 peak of 127,776,000, with the birth rate dropping to 1.25 births per woman in 2005 and the number of deaths surpassing that of births by 4,361 in the same year. Worse, in the 10 years from 2041 to 2050, our birth rates have averaged 1.19, the lowest in our recorded history.

③As the government reported several decades ago, our low birth rates resulted in the 2015 issue of an older population representing 26 percent of the total when the last of the baby boomers, born between 1947 and 1949, turned 65. And, as the government explained two decades ago, they also resulted in the 2030 problem of a population over 65 representing 36 percent of the nation, 20 percent of that figure comprised of people over the age of 75.

Moderator: ④Mr. Sakano, though the figure for the population over 65 has dropped to 35.7 percent, with the birth rate remaining below the population replacement rate, we can only predict further population loss. Could you tell us about possible economic and social challenges?

Minister: ⑤As for the economy, we have lost 70 percent of our labor force since the early part of this century. Because of this, companies continue to find it difficult to hire new employees. Many companies have contracted, gone bankrupt, or moved operations abroad. Also, universities, colleges, and other industries that provide services for young people have been closing. Particularly hard hit have been less prestigious universities and the entertainment, fashion, and home furnishing industries. Equally problematic, because of the elderly population, there are fewer people willing to risk investment in new businesses, which is an obvious problem.

⑥As for social changes, we are living in a time when our pessimistic economic outlook is affecting innovation and, therefore, the birth of new ideas. Young people are by nature socially less conservative and more risk tolerant. If they fail when undertaking new challenges, they can pick themselves up and start again. However, the 35.7 percent of our population who are over 65 are very unlikely to make an impact whereas the 10.8 percent of our population younger than 15 are too few to make an impact. The remaining 53.5 percent face an unstable job market, increasingly higher costs and tax rates, and little possibility of a social safety net when they too are elderly. Therefore, they are unlikely to risk attempting to make an impact.

Moderator: ⑦The news for our nation is truly gloomy. Now, we have some time for questions from reporters. Who's first?

司会者：①今日発表するのは、政府が算出したところ、減少中のわが国の人口が、予測値だった1億人に達したということです。また、今世紀末の推定人口について、以前の予測から4500万人未満へ修正されたことを、併せてご報告したいと思います。この数字は、もっと楽観的だった2045年の推定人口4700万人から減少しています。この修正された数字を再び修正する必要があるかどうか判断するには、2055年の国勢調査とさらなる展開を待たなければなりません。この問題について、今日は少子化対策担当相のサカノ大臣がさらに詳しくお話

しくださいます。

大臣：②私たちが年に1度、年次報告書の中で国民の皆さまにお知らせしている通り、国の人口減少というこの長期的な傾向は、ピークであった2004年の1億2777万6000人以来、継続しています。2005年には女性1人当たりの出生率が1.25まで減少し、同年、死亡数は出生数を4361人上回りました。さらに悪いことには、2041年から2050年までの10年間に、わが国の出生率は記録史上最低の平均1.19となりました。

③政府が数十年前に報告した通り、わが国の低い出生率は、1947年から1949年に生まれた最後のベビーブーム世代が65歳になったときに、老年人口が全体の26パーセントを示した2015年問題をもたらしました。そして、政府が20年前に説明した通り、これら（わが国の低い出生率）はまた、65歳超の人口が国の36パーセントを示し、このうち20パーセントが75歳超の人々から成るという2030年問題をももたらしました。

司会者：④サカノ大臣、65歳超の人口に関しては35.7パーセントに下がったにもかかわらず、出生率が人口置換率を下回り続けている状況では、さらに人口が減少するだろうとしか推定できません。経済的、社会的にはどのような困難が予測されるでしょうか？

大臣：⑤経済に関して言えば、私たちは今世紀初頭以来、労働力人口の70パーセントを失いました。これにより、企業は新たに従業員を雇用するのが困難だと引き続き実感しております。多くの企業が規模を縮小したり、倒産したり、あるいは事業を海外に移したりしました。また、総合大学や単科大学のほか、若者にサービスを提供する事業についても閉鎖が続いています。特に深刻に打撃を受けたのは、そこまで名声の高くない大学や、娯楽、ファッション、インテリア業界です。同じく問題となっているのは、老年人口（の増加）によって、新事業に対して進んで投資リスクを試みる人が減少していることで、これは明らかに問題です。

⑥社会的な変化について言えば、私たちは、悲観的な経済の見通しによって、革新、つまり新しいアイデアの誕生が難しい時代に暮らしています。若者は元来、社会的にそれほど保守的ではない分、リスクをいとわないものです。もし新しく挑戦して失敗しても、立ち直って再出発できます。しかしながら、わが国の人口の35.7パーセントは65歳を超えており、影響を与える見込みが非常に乏しいのです。一方で、15歳未満は人口の10.8パーセントしかおらず、違いを生み出すには少なすぎます。残りの53.5パーセントは、不安定な雇用市場、上昇し続けるコストや税率だけでなく、彼ら自身が老年に達したときに社会的なセーフティネットがほぼない可能性に直面しています。このため、影響を生じるに足るようなリスクを選べません。

司会者：⑦わが国に関するニュースは実に憂うつたるものです。それでは、しばらく時間を取って、記者の方々からの質問を受け付けます。最初はどなたでしょうか？

(B)

[設問から得られるヒント]

テーマは分かっている。設問から、大臣・記者・もう1人の記者の質疑応答の場面も浮かんでくるだろう。

[設問ごとのリスニングポイント]

(6) the Statistics Bureauという固有名詞がキーワードになる。これを拾えれば、正解にグッと近づけるだろう。

(7) いろいろな数字が登場するので、設問にある2100年の推定人口について述べている個所を聞き取るのが先決。その上で、選択肢の語句を頼りに解いていこう。

(8) 正解は聞こえるはずがないのだから、聞こえたものから潰していこう。

(9) この問題は大臣ではなく、記者の発言に注目する。質問の内容を完ぺきに聞き取れなかったら、その後の大臣の回答もヒントになるかもしれない。

(10) 司会者などではなく、大臣自ら記者会見の終了を告げたと分かる。会見の流れをつかんでおこう。

(6) 正解：b)

大臣によると、統計局からの情報が基づくのは

a) コミュニケーションに関する調査の結果。

b) 国中からの国勢調査への回答。

c) 首都の市民に向けたアンケート。

d) 国内のさまざまな世帯ごとに行われた調査。

e) 国内の短期にわたる人口変遷。

解説

記者1に情報の出所を聞かれた大臣の回答が問題になっている。That first figure of a 2050 national population of 100 million comes from the Statistics Bureau（2050年の国内人口が1億人だという最初の数字は、統計局から来たもの）とした上で、It is based on information taken from questionnaires received from different households throughout the nation.（これは全国各地のさまざまな世帯から受け取った質問票から抽出した情報に基づく）と明言しているので、b)が正解。

(7) 正解：a)

大臣によると、2100年の推定人口に関して政府が算出したものは

a) 3つの異なった数字で、そのうち1つを発表。

b) 中流階級の人々を対象とする調査に基づく数字。

c) 国の歴史的傾向を使った数字。

d) 死亡率を具体的に分析した数字。

e) 5つの異なった数字で、そのうち1つを分析。

解説

前問と同じく、記者からの質問に答える大臣の発言に答えがある。第3段落で、The second figure of a 2100 national population estimate of 45 million is based on the 2050 census numbers.（2100年の国の推定人口を4500万人とする2つ目の数字は、2050年国勢調査に基づいています）と述べている。さらに、Upper, medium, and lower population figures are worked out based on this analysis, and the medium one is announced to the public.（この分析に基づいて、最大、中間、最小の人口数値が導き出され、このうち中間を国民に公表しています）につながっていくので、正解はa)である。

(8) 正解：d)

大臣によると、人口減少の推定要因に含まれないのは
a) 多くの共働き家庭が育児を困難に感じている。
b) 子どもを育てるのは、金銭的に簡単ではない。
c) ほとんどの夫婦は提供された優遇措置を選ばなかった。
d) 夫婦が子どもを持つと税額が上がる。
e) 仕事と家庭生活の両立を保つのは難しいことがある。

解説

第5段落に答えがある。a)、e)はworking couples have long found it hard to keep a work and childcare balance.（働いている夫婦は長い間、仕事と育児の両立を保つのは難しいと感じてきました）、b)、c)はwe've offered tax breaks and other financial incentives … However, these policies have failed as few of them have seen much advantage in the options.（減税はじめ財政的な優遇措置を提供してきましたが、選択肢にほとんどがそれほどの利点を見出さず、これらの政策は失敗しました）を言い換えたもの。d)に関する言及はないので、これが正解。

(9) 正解：b)

記者の1人が大臣に尋ねているのは、政府が……つもりかどうかである。
a) 税金引き下げを通して労働力を増強する
b) 労働力の一部として外国人労働者を受け入れる
c) 予想される国外移住者のために門戸をより大きく開く
d) 国内の外国人に対する税政策を変更する
e) 記者たちの質問を法務省に回す

解説

第6段落で記者は政府の移民政策やその方針について尋ねている。Does the government foresee a change in immigration policy, opening the door to foreign workers to help stabilize our workforce and add to the tax base?（政府は移民政策における変化を見越していますか？ つまり、労働力を安定させ、税基盤を補うために、外国人労働者に門戸を開くということですが）とあるので、b)が正解。c)のemigrantsは外国から移住してくる人ではなく「自国から出ていく人」を意味するので、不適切。

（10）正解：a)

大臣が記者会見を終えたのは

a)（終えた）理由を述べていない。
b) 記者たちの攻撃的な質問のせいである。
c) 最後の質問に直接答えてからである。
d) ほかの会見に参加するためである。
e) その記者の質問に答えられなかったためである。

解説

記者会見最後に大臣自らが I must now call a close to this press conference.（この記者会見を終わりにします）と告げているが、その前後で理由は述べられていない。記者の質問に対しては The Ministry of Justice will be making a public announcement next week.（法務省が来週、公式に発表します）と締めくくっており、答えられずに会見を終えたわけではないので、e) は不適切。

▶スクリプトと訳

 (B) 🎧26 Reporter 1 Minister Reporter 2

Reporter 1: ①Mr. Sakano, you've just announced some very scary figures. I'd like to ask how the government arrived at them.

Minister: ②The first figure of a 2050 national population of 100 million comes from the Statistics Bureau, part of the Ministry of Internal Affairs and Communications. It is based on information taken from questionnaires received from different households throughout the nation. Officially, that census was taken on October 1, 2050. As you know, a census is conducted every five years.

③The second figure of a 2100 national population estimate of 45 million is based on the 2050 census numbers. This is somewhat complicated, but essentially assumptions are made about future changes in fertility, mortality, and immigration. Short and long-term historical trends in population growth in this country and abroad are analyzed, as well as government policy and other relevant information. Upper, medium, and lower population figures are worked out based on this analysis, and the medium one is announced to the public.

Reporter 1: ④We've been receiving these negative figures from the government for years, and we all know about them. Mr. Sakano, can you tell us specifically why government efforts have failed so far to deal with the decrease in population as well as the labor shortage?

Minister: ⑤Well, we must realize that strong socioeconomic factors have influenced these issues. For various reasons, working couples have long found it hard to keep a work and childcare balance. In the past, we've offered tax breaks and other financial incentives to encourage them to keep working while raising children. However, these policies have failed as few of them have seen much advantage in the options.

Reporter 2: ⑥Mr. Sakano, you've mentioned immigration as a factor in the future working population. Does the government foresee a change in immigration policy, opening the door to foreign workers to help stabilize our workforce and add to the tax base? Presumably, from the figures you have quoted, it does not.

Minister: ⑦That is, of course, a question that should be answered by a representative from the Ministry of Justice. However, personally speaking, for that to be a solution to the nation's problems, we would have to open that door

216

very wide, accepting hundreds of thousands of immigrants annually. Some would say it could lead to social problems such as increased crime rates and ethnic friction, though.

Reporter 2: ⑧But if these immigrants receive government assistance helping them to find jobs and a place in our society, and if our public receives government guidance to help us learn to accept them, those problems should be minimal. Also, our dynamic culture is continuing to change. Our traditions have always changed. Can you address these ideas?

Minister: ⑨The Ministry of Justice will be making a public announcement next week. Please direct that question to their spokesman. Thank you. I must now call a close to this press conference.

記者1：①サカノ大臣、あなたは今、実にぞっとするような数字をいくつかご報告なさいました。政府がそういった数字にどのようにたどり着いたのか、お尋ねしたいと思います。

大臣：②2050年の国内人口を1億人とした最初の数字については、総務省の一部、統計局から得ました。これは、全国各地のさまざまな世帯から質問票を受け取って、抽出した情報に基づいています。公式には、この国勢調査は2050年10月1日に実施されたものです。ご存じの通り、国勢調査は5年ごとに実施されますので。

③2100年の国の推定人口を4500万人とする2つ目の数字は、2050年の国勢調査の数字に基づいています。これは少し複雑ですが、基本的には、出生率、死亡率、そして移民による将来的な変化を予測したものです。わが国と海外の人口増加に関して、短期的および長期的な歴史的傾向を見つつ、政策その他の関連情報とともに分析されています。この分析に基づいて、最大、中間、最小の人口数値が導き出され、うち中間が国民に公表されます。

記者1：④政府からはこういった否定的な数値を何年にもわたって受け取っていますので、それらについては誰もが知るところです。サカノ大臣、人口減少や労働力不足に対する政府の取り組みは、これまでのところ失敗続きですが、原因を具体的にお教えいただけますか？

大臣：⑤えー、まず始めに、こういった問題は社会経済学的要因の影響下にあるとご考慮いただきたい。さまざまな理由で、夫婦共働きの家庭では、仕事と育児を両立していくことが難しいと感じられています。過去に、仕事と育児を同時に続けられるようにと、減税はじめ財政的な優遇措置を提供してきました。しかしながら、選択肢はあってもそこまで利点を見出されなかったようで、政策は失敗しました。

記者2：⑥サカノ大臣、将来の労働人口の変化要因として、移民を挙げられましたね。政府は移民政策の変化を見越していますか？　つまり、わが国の労働人口を安定させる一助として、また税基盤を補うために、外国人労働者に対し

門戸を開くということです。伺ったところ、先に挙げられた数値からは、そうでない（見越していない）ように考えられますが。

大臣：⑦それは明らかに、法務省の担当者が答えるべき質問です。しかし、個人的に言えば、わが国の問題に対する解決策として、門戸を極めて大きく開き、年当たり何十万人という移民を受け入れなくてはならなくなるでしょう。しかし、犯罪率の増加や民族間の摩擦といった社会的問題をもたらすのでは、と言う人もいるでしょう。

記者2：⑧しかし、もしこうした移民たちが、政府の支援を受けて仕事を見つけるとともに、社会で居場所を見つけることができたら、そしてもし国民が政府の指導を受けて彼らの受け入れ方を学んだら、そういった問題は最小限になるでしょう。また、わが国の動的な文化とは、常に変化するものです。私たちの伝統は常に変わり続けていますよ。こういった考えをご検討いただけますか？

大臣：⑨法務省が来週、公式に発表する予定です。その質問は法務省の担当者にしてください。よろしくお願いします。では、本日の記者会見を終了します。

(c)

[設問から得られるヒント]
設問や選択肢から、どうやらpolitical corruption（政治腐敗）がテーマだと見当がつく。どんなことが話されるか、ぼんやりとでも考えておくといいだろう。

[設問ごとのリスニングポイント]
(11) 設問に「スピーチの冒頭」というヒントがあるので、しっかり聞くように。選択肢に挙げられたうちの1つが答えになると予想してもいいだろう。
(12) 第2問であることから、恐らくはスピーチの前半で、政治腐敗の具体例が列挙されると考えられる。
(13) 言及されているものを探し、削っていこう。
(14) "pet" projectがキーワードになる。音声が速いので、聞き逃さないように集中しよう。
(15) 第5問なので終盤に注意。スピーチの結論がカギになる可能性もある。

(11) 正解：c)

スピーチの冒頭で話者が述べるところでは、腐敗は……によって引き起こされる。

a) 選挙で投票した人々
b) 選挙に立候補する人々
c) 高官になるように指示される人々
d) 高官を任命する人々
e) 報酬を提供される人々

解説

実質的なスピーチが始まる第2段落で、political corruption（政治腐敗）を定義付けした後に、This includes politicians or other government officials who have reached their positions by election, nomination, or appointment.（これには、選挙、推薦、指名によって地位を得た、政治家はじめ政府官僚が含まれます）と述べている。c)はwho have reached their positions by appointment（指名されて地位を得た）政治家や政府官僚に当たるので、これが正解。

(12) 正解：c)

話者によると、スピーチで述べる政治腐敗とは

a) 家族や友人にお金をあげること。
b) 警察官から盗品を受け取ること。
c) 公的なお金を個人的に使うこと。
d) 誰かが税品を払うのをやめさせること。
e) 民主主義の伝統を維持するのに失敗すること。

解説

第3段落がPolitical corruption includesで始まり、具体例が挙げられていく。段落中盤でembezzlement, the theft of public money by an official（公人による公金泥棒である横領）に触れている。embezzlementの意味が分からなくても、直後の説明を聞き取れれば答えられる問題だ。正解はc)。

（13）正解：d)

話者は政治腐敗が引き起こしかねない結果をいくつか述べる。言及されていないことは

a）人々が国から出て行くだろう。
b）人々が指導者に不信感を持つだろう。
c）その国は投資を受けられないだろう。
d）投票率が上がるだろう。
e）権力と富が不正に使用されるだろう。

解説

第5段落と第6段落では、政治腐敗の具体的な影響が話されている。第5段落のcitizens have lost faith in their leaders（市民は自分たちの指導者への信頼を失います）がb)、a greater concentration of power and wealth in the hands of those corrupt officials. （権力と富が腐敗した高官の手に集中します）がe) citizens, who may opt for emigration（市民は国外移住を選ぶかもしれません）がa)、第6段落のA country with a reputation for corruption is less likely to invite national or international investment（腐敗で名高い国は、国内外からの投資を導入できる可能性が低くなります）がc) を、それぞれ表している。第5段落のThis can result in increased indifference and lower voter turnout（これが、無関心の増長と投票率の低下という結果につながります）とd)が一致しない。よって、d)が正解。

（14）正解：a)

話者はスピーチの中で「子飼いの」プロジェクトと言う。それが含み得るものは

a）不要な建設に出資すること。
b）海外に銀行を建てること。
c）病院への寄付。
d）必要な発電所への投資。
e）自然保護計画。

解説

第6段落で"pet" projectsという単語が出てくる。その後で、具体的な説明が続く。その中には、these leaders might use it to build unnecessary roads, train lines, or power plants （こうした指導者たちは公的な資金を使って不要な道路、鉄道、発電所を建設する）とあるので、a)が正解。

（15）正解：e)

話者が信じるところでは、投票を選ぶことは

a）貧困状態で暮らす人々を守ることができる。
b）長い目で見ればほとんど変化を及ぼさない。
c）今はかつてないほど重要である。
d）法律によって要請されるべきである。
e）民主主義を維持するために重要である。

第7段落でlet's all be sure to voice our opinions by voting so that we can maintain flourishing democratic traditions.（立派な民主主義的な伝統を維持できるように、みなさん、投票を通してしっかり声を届けましょう）と言っているので、e)が正解。かつてない最重要課題だとは言っていないので、c)は不適切。

▶スクリプトと訳

(C)

① Thank you for attending the speech contest today. I hope you are enjoying it.

② I would like to start out this afternoon by defining my topic, the negative consequences of political corruption. For our purposes here, political corruption is the illegal use of one's position in a public office for private gain. This includes politicians or other government officials who have reached their positions by election, nomination, or appointment.

③ Political corruption includes bribery and kickbacks, which is money or other rewards offered or demanded for a favor or received for help with a transaction. An example of the former is money a driver offers so that a police officer will not write a speeding ticket, and, of the latter, money a politician receives from the sale of a company's product after he has used his political influence to make it available on the market. Also included are embezzlement, the theft of public money by an official, and of course extortion, the threat of force by a public official for his own gain. Finally, it is also argued that the use of political influence to obtain important positions for family members and friends is a form of political corruption.

④ Now, we all agree that political corruption is unethical. However, what exactly are the problems that it can cause? The following are some unfortunate consequences.

⑤ First, political corruption has serious negative political and social effects. Whenever this has become an issue in a democracy, especially in an emerging one, citizens have lost faith in their leaders and the legal structures in place. People can also lose confidence in their own ability to influence national political developments. This can result in increased indifference and lower voter turnout, which in turn results in a greater concentration of power and wealth in the hands of those corrupt officials. Spiraling downwards, corruption can become a social norm, leading to frustration among citizens, who may opt for emigration or spark social unrest, obviously a problem for any society.

⑥ Interrelated with the above, political corruption can lead to economic and environmental problems. A country with a reputation for corruption is less likely to invite national or international investment, which is important for the healthy, planned development of a country's resources. Furthermore, politically influential corrupt leaders can waste national wealth for personal advantage on "pet" projects, especially if the citizenry has lost faith in the democratic structures of the country and has little access to decision-making processes as outlined above. Rather than using public money to improve education, health care, and other infrastructure-related conditions, these leaders might use it to build unnecessary roads, train lines, or power plants, and even transfer national wealth to private accounts in foreign banks where it does their country no good. Often, these personal projects can lead to such environmental problems as water and air pollution, soil erosion, and loss of wildlife habitat. This impacts the residents who depend on that land for their livelihood. To survive, these people may migrate to the cities, increasing crime rates and living in poor conditions.

⑦ In conclusion, political corruption is a danger of which we must all be wary to ensure healthy and productive lives for ourselves and future generations. My final message today is let's all be sure to voice our opinions by voting so that we can maintain flourishing democratic traditions.

⑧ Thank you again for listening to my speech. I hope you have a nice winter holiday.

①本日はスピーチ・コンテストにご参加いただき、ありがとうございます。楽しんでいただけているといいのですが。
②私はテーマを政治腐敗の悪影響として、本日の午後の部を始めたいと思います。私たちの理解のため、ここでは、公務において自分の立場を私的な利益のために不法使用することと定義しましょう。これは、選挙で、推薦で、あるいは指名されて地位を得た、政治家はじめ国家公務員（政府高官）を含みます。
③政治腐敗には賄賂とリベートが含まれますが、これらは金銭などの報酬のことであり、便宜と引き換えに差し出されたり要求されたりしたもの、あるいは、取引を支援した見返りに受け取るものです。前者（賄賂）の例は、警察官がスピード違反チケットを記入しないように運転者が差し出すお金です。後者（リベート）の例は、政治家が市場に政治的影響力を及ぼして、ある企業の商品販売を実現させ、売上から受け取るお金です。さらに含まれるのが、公人による公金泥棒である横領と、そしてもちろん、自己利益を得るために公人が力を使って脅すこと、つまり強要です。最後に、政治的影響力を利用して家族や友人

を要職に就かせることも、政治腐敗の形態として挙げられます。

④さて、政治腐敗が倫理に反するということでは、私たち全員の意見が一致します。しかし、それが引き起こし得る問題とは、正確にはどのようなものでしょうか？　これから、その不幸な結果をいくつか挙げてみます。

⑤第一に、政治腐敗には深刻な政治的、社会的悪影響があります。民主主義国、特に新興の国でこれが問題になると必ず、市民は自分たちの指導者と現存の法体系への信頼を失います。国民はまた、自分たちが国の政治発展に影響を及ぼす可能性についても、自信を失うことになります。このため、無関心が増長し、投票率低下という結果につながります。それが今度は、腐敗した公人の手に、ますます大きな権力と富を集中させる結果につながります。下落のスパイラルで、腐敗は社会にあって当たり前のこととなり、市民間に不満を招く可能性があります。すると市民は国外への移住を選んだり、社会騒乱を起こしたりするかもしれず、どんな社会にとっても明らかに問題となります。

⑥ここまで挙げたことと相互に関連しますが、政治腐敗は経済問題と環境問題につながることがあります。腐敗で名高い国は、国家資源の健全で計画的な開発にとって重要な、国内外からの投資を導入できる可能性が低くなります。さらに、政治的影響力を持ち腐敗した指導者は、国の富を自分の利益のため「子飼いの」プロジェクトに無駄遣いすることもあります。一般市民が国の民主構造への信頼を失って、これまでご説明した意思決定プロセスにほとんど参加しない場合には特にそうです。こうした指導者たちは公金を教育や保健医療や、そのほかのインフラ関係の状況を改善するために使うよりも、不必要な道路や鉄道、発電所の建設に使い、さらには国の富を、自国の益にならない外国銀行の個人口座に移すことさえします。往々にして、こうした私的なプロジェクトは、水や大気の汚染、侵食、野生動物生息地の消失といった環境問題をもたらします。これは、生活の糧をその土地に頼る地方住民に影響を与えます。生きていくために、こうした人々は都市部に移り住み、犯罪率を増加させ、貧しい状況の中で生きることになるかもしれません。

⑦結論として、政治腐敗は、自分たちと将来の世代のために健康的で生産的な生活を守るには、誰もが警戒しなければならない危険要素です。私の本日最後のメッセージを申し上げます。立派な民主主義の伝統を維持できるように、誰もが投票を通じて確実に意見を表明しましょう。

⑧ご清聴いただきましたことに、あらためてお礼申し上げます。すてきな冬休みをお過ごしください。

Comment from Kimutatsu

速度はどうやったかな？　さすがに速いなと思ったと思うけど、でも大丈夫。今まで同様に、音声に合わせて声に出して何度も読むことで速さは克服できます。どのレベルでも基本的な姿勢を崩さないで取り組むことです。それにその姿勢は英語以外の学習にも活用できるはず。さて、いよいよ次がラスト！　最後まで粘り強く頑張ろう！

🎧 28

(A)

これから放送する講義を聞き、(1) ～ (5) の問いについて、それぞれ最も適切な答え
を一つ選べ。

(1) **According to Ms. Burton, the truth about the Coriolis force is
that**

   a) it has nothing to do with the weather.
   b) some people believe it affects draining water.
   c) it could affect the direction of tornadoes directly.
   d) strong winds are caused by this effect.
   e) it influences the rotation of the earth.

(2) **From Ms. Burton's explanation about the spinning globe, we
can learn that**

   a) the earth is spinning more slowly than once believed.
   b) she used a picture of the earth to illustrate her point.
   c) straight movement above the planet would look curved to us.
   d) any line between the North Pole and the equator looks winding.
   e) geometrical analysis is essential to forecast the weather.

(3) **What Ms. Burton mentions about the mechanics of east and
west movement is that**

   a) she does not know much about this movement.
   b) the fundamentals are same as north-south movement.
   c) it is complicated due to meteorological reasons.
   d) students can read about it in their math textbook.
   e) it causes an outward spiraling effect of some hurricanes.

(4) **According to Ms. Burton, the common misunderstanding about storms in the northern hemisphere is that**

  a) they move clockwise because the curving line seems to suggest so.
  b) they move clockwise because the Coriolis force does not move the air.
  c) they move counterclockwise because the Coriolis force fills in the gap.
  d) they move counterclockwise because the air curves to the right.
  e) they move straight between the North Pole and the equator.

(5) **Ms. Burton explains that air movement in storms is mainly**

  a) the result of different sized gaps in the atmosphere.
  b) due to the size of the low-pressure system involved.
  c) only a feature of storms in the northern hemisphere.
  d) what happens when two spirals of air move against one another.
  e) caused by pressure differences between areas.

🎧 29
(B)

これから放送するのは（**A**）に関連した会話である。これを聞き、（**6**）〜（**10**）の問いに対して、それぞれ最も適切な答えを一つ選べ。

(6) **According to Patty, the show she saw was**

  a) something to do with clocks dealing with a time difference.
  b) held at a hotel within the Arctic Circle.
  c) one related to a geographic peculiarity.
  d) about the local plant-life in Ecuador.
  e) about playing catch in the southern hemisphere.

(7) According to Bruce, the show was not scientific because

a) the Coriolis force does not work at all close to the ground.
b) the water movements were not big enough to be affected by the Coriolis force.
c) he does not believe in the basic logic of the Coriolis force.
d) everything is affected by the Coriolis force but water.
e) the show did not explain how they span the water using their hands.

(8) Bruce mentions the slight possibility that the effect could affect water under perfect conditions. Those conditions do NOT include

a) the distance from the equator.
b) how the pan is designed.
c) a smoothly designed drain.
d) a bucket of fresh water.
e) laboratory conditions.

(9) According to Lisa, the man in the show

a) did the demonstration in the hotel kitchen.
b) was obviously moving the water.
c) traveled all over the world doing it.
d) pulled the plug before the water became still.
e) used equipment that was far from scientific.

(10) In the conversation, Bruce does NOT suggest that

a) plenty of people misunderstand the Coriolis force.
b) he never meant to make his friends feel bad.
c) Norway is the best place to do the experiment.
d) the man who did the show moved the water somehow.
e) the equator is under the weakest Coriolis force.

🎧 30
(C)

これから放送するスピーチを聞き、(11) ～ (15) の問いに対して、それぞれ最も適切な答えを一つ選べ。

(11) **The gas called ozone can be a big problem in summer because**

a) it reacts with substances in sunlight.
b) it is formed in sunlight.
c) it is mixed with sunlight by nitrogen oxides.
d) it is sent to the earth by sunlight.
e) it is present in trees and other plants.

(12) **According to the speaker, carbon monoxide is a problem**

a) associated with breathing problems.
b) for people suffering from heart disease.
c) because it can cause dizziness.
d) for car drivers with asthma.
e) that leads to insomnia.

(13) **A gas which the speaker does NOT mention as being a greenhouse gas is**

a) methane emissions from cattle.
b) carbon dioxide.
c) nitrous oxide.
d) nitrogen dioxide.
e) methane emissions from rice paddies.

(14) An example of harmful chemicals given by the speaker are

a) various forms of ozone.
b) fossil fuels.
c) dioxins.
d) minerals.
e) ultraviolet radiation.

(15) According to the speaker, a matter which is NOT related to CFC's is

a) the destruction of the ozone layer.
b) an indirect cause of skin cancer.
c) indirect damage to human eyesight.
d) air conditioners and refrigerators.
e) a movement to remove the ban on them.

解き終わったら、次ページからの
解答と解説をチェック！

Trial Test 10
▶解答と解説

[設問から得られるヒント]
設問から、地球の動きに関連した内容だと考えられる。また（1）に登場するthe Coriolis force という固有名詞にも注意しておこう。

[設問ごとのリスニングポイント]
(1) この問題は主題の紹介と考えられるので、序盤で話される内容だろう。
(2) spinning globeをキーワードにしよう。簡単に内容の想像がつかないということは、それなりの長さを伴って説明される可能性が高い。
(3) east and west やそれに準じる語句を要にしよう。南北の動きについての説明と対比されているかもしれない。
(4) 選択肢がややこしいことになっているので、まずは時計回りか反時計回りかを判別し、その理由を聞き取るようにしよう。
(5) Ms. Burton の発言に、air movement、storms、またはそれらに類するキーワードが出てきたら注意。

(1) 正解：b)

バートン先生によると、コリオリの力に関しての事実は

a) 天気には何も関係しない。
b) 排水に影響を及ぼすと一部の人々は信じている。
c) 竜巻の方向に直接影響する。
d) この効果で強風が起こる。
e) 地球の自転に影響を及ぼす。

解説

第2段落でコリオリの力についての基礎的な説明がなされている。It does not, however, affect the direction that water rotates when going down the drain in your bathtub.（しかしながら、バスタブからの排水の回転方向には影響しません）という文がある。つまり、意図としては、「信じている人もいるが、そうではない」ということ。したがって、正解はb)。

(2) 正解：c)

バートン先生の回転する地球儀の説明で分かることは

a) 地球はかつて信じられたよりもゆっくり回っている。
b) 彼女は要点を説明するのに地球の写真を使った。
c) 惑星上空の真っ直ぐな動きは、私たちには曲がって見える。
d) 北極と赤道の間の線はどれも曲がりくねって見える。
e) 幾何学的に分析することが、気象予報に欠かせない。

解説

地球儀を使った解説の様子は、第6段落で。回っている地球儀の上に直線を書こうとしても曲がった線になるという実験を一通り説明し、結論として to someone on the globe and moving with it, the marker would appear to be moving in a curved line（地球儀の上にいて一緒に動いている者にとっては、マーカーペンは曲線を描いて動いているように見える）と述べている。したがって、正解は c)。

（3）正解：b)

バートン先生が、東西の動きの仕組みについて言及したことは

a) 彼女はこの動きのことをあまり知らない。
b) 原理は南北の動きと同じである。
c) それは気象上の理由で、より複雑である。
d) 学生たちは数学の教科書でそれについて読むことができる。
e) ハリケーンが外向きに渦巻く原因になることがある。

解説

まず、気を付けたいのは、前問の答えがある場所とこの問題の答えの場所が近いこと。第7段落の最初の文だ。(2)にばかり気を取られていると、こちらを聞き逃す。答えとしては、the mechanics of east and west movement work on the same principle（東西の動きの力学も同じ原則で働きます）という説明があるので、b)になる。

（4）正解：a)

バートン先生によると、北半球の暴風雨についての一般的な誤解は

a) 曲がった線がそう示しているので、（暴風雨は）時計回りに回る。
b) コリオリの力は空気を動かさないので、（暴風雨は）時計回りに回る。
c) コリオリの力がすき間を埋めるので、（暴風雨は）反時計回りに回る。
d) 空気が右側に曲がるので、（暴風雨は）反時計回りに回る。
e) （暴風雨は）北極と赤道の間をまっすぐに動く。

解説

第7段落で、Since things curve to the right, it may seem logical that storms would move in a clockwise motion. But this is a common misunderstanding（物が右に曲がるわけですから、暴風雨も時計回りになるのが理屈に合うと思われるかもしれません。が、これはよくある思い違いです）とハッキリ言っている。よって正解は a)だ。

(5) 正解：e)

バートン先生の説明によると、暴風雨中の空気の動きは主に
a) 大気中に規模の異なるすき間が生じる結果である。
b) 巻き込まれた低気圧の規模による。
c) 北半球での暴風雨だけの特徴である。
d) 2つのらせん状の気流がぶつかるときに生じる。
e) 異なる気圧圏によって引き起こされる。

解説

第9段落のバートン先生の説明にある、in the case of most storms, movement is largely the result of air moving from a high-pressure area to a low-pressure area.（ほとんどの暴風雨の場合、高気圧圏から低気圧圏に空気が動くために起こります）を言い換えた e) が正解。

▶スクリプトと訳

(A) 28　Ms. Burton 　Bruce

Ms. Burton: ①Before we get into the actual behavior of tornadoes, I think we ought to touch on one of the things that frequently causes a little confusion at this point: the Coriolis force.

②Some of you may have heard of it and no doubt attributed any number of dubious phenomena to it. But while the effect can be illustrated on a small scale, it only has any relevance on a large, global scale. The Coriolis force affects things like ocean currents, jet streams, and most importantly for us, major weather patterns. It does not, however, affect the direction that water rotates when going down the drain in your bathtub. I know you may have heard that, but just forget it. Also—yes, Bruce?

Bruce: ③Does it affect the direction of tornadoes, then?

Ms. Burton: ④No, it doesn't … at least not directly. But we'll get into that later. ⑤The Coriolis force is, in part, responsible for the inward spiraling effect of major storm systems such as hurricanes. It doesn't cause the air to move, but it does explain why cyclonic storms will rotate counterclockwise in the northern hemisphere and clockwise in the southern.

⑥As I'm sure many of you know this has to do with the rotation of the earth and, for anyone that has ever looked at a globe, it's a simple thing to picture. If you take a globe and spin it slowly, then use a marker to draw a line, moving your hand straight from the North Pole to the equator, obviously the line you've created will not be straight. As the globe rotates under your marker, the line will curve on the surface. If the globe is spinning quickly enough it will create a spiral. Your hand is moving the marker straight down from north to south, so as far as you're concerned, you're making a straight line. But to someone on the globe and moving with it, the marker would appear to be moving in a curved line, right?

⑦Now, the mechanics of east and west movement work on the same principle but are much more complicated due to the geometry of working with spheres. I won't go into it now. There's a good demonstration in your textbooks in Chapter 8, so look at that to get a better understanding. The main point that you need to understand is this: all straight-line movement above the surface of the earth in the northern hemisphere will appear to curve to the right. Since things curve to the right, it may seem logical that storms would move in a clockwise motion. But this is a common misunderstanding …

Bruce: ⑧Excuse me, Ms. Burton. You mentioned the Coriolis force doesn't cause the air to move. Then what does?

Ms. Burton: ⑨Well, in the case of most storms, movement is largely the result of air moving from a high-pressure area to a low-pressure area. Think of a low-pressure area as a kind of gap in the atmosphere.

Bruce: ⑩Well … naturally all the air around this gap would rush forward to fill it.

Ms. Burton: ⑪Yes, but the size of the area that we are talking about means that the Coriolis force continually drives the air toward the right of the low-pressure system. At the same time the low pressure continues to draw it in. In the northern hemisphere, the result is air spiraling counterclockwise into the low-pressure area, like water going down a very, very large drain. And there you have it: a nice, big hurricane or typhoon.

バートン先生：①竜巻の実際の動きの話に入る前に、ここで、少々混乱を招くことの多い事柄の1つに触れておくべきかと思います。それは、コリオリの力です。

②皆さんの中にはこれを聞いたことがある人がいるでしょうし、多くの疑わしい現象の原因をこれに求めたことがきっとあるでしょう。しかし、この作用は、小さな規模で説明できる一方で、実際に関連するのは大きな地球的規模に限られます。コリオリの力は、海流やジェット気流、そして私たちにとって最も重要な、主要な気象パターンに影響を及ぼします。しかしながら、バスタブからの排水の回転方向には影響しません。この話は聞いたことがあるでしょうが、忘れてください。それからまた――はい、ブルース？

ブルース：③では、竜巻の方向には影響するのですか？

バートン先生：④いいえ、影響しません……少なくとも、直接的には。ですが、その話には後で触れましょう。

⑤コリオリの力は、ハリケーンのような大型暴風雨の内向きの渦巻き作用において、原因の一部となります。これが空気を動かすわけではないのですが、サイクロン型の暴風が北半球で反時計回りに、南半球で時計回りに回転する理由を確かに説明してくれるのです。

⑥ご存じの方も多くいるでしょうが、これは地球の自転と関係があります。地球儀を見たことのある人なら、誰でも簡単に思い描けます。地球儀を持ってゆっくり回し、マーカーペンを使って北極から赤道まで手を真っすぐに動かし線を引くと、当然ながら、出来上がった線は真っすぐにはなりません。マーカーペンの下の地球儀が回転するので、線は表面でカーブします。地球儀が十分に速く回転すると、螺旋が書かれます。あなたの手はマーカーペンを北から南へと真っすぐ動かしますから、あなたにとっては、真っすぐな線を描いていることになります。けれど、地球儀の上にいて一緒に動いている者にとっては、マーカーペンは曲線を描いて動いているように見えます、そうですよね？

⑦さて、東西の動きの力学も同じ原則で働きますが、球形に働く幾何学が理由で、はるかに複雑です。今はそれについて詳しく論じません。教科書の第8章によく説明されていますから、さらに理解するにはそこを見てください。理解すべき要点はこうです。つまり、北半球での地表上空の直線的な動きはすべて、右へ曲がって現れるのです。物が右に曲がるわけですから、暴風雨も時計回りになるのが理屈に合うと思われるかもしれません。が、これはよくある思い違いです。

ブルース：⑧すみません、バートン先生。先ほどおっしゃったように、コリオリの力が空気を動かすわけではありませんよね。では、何が動かすのでしょうか？

バートン先生：⑨それはですね、多くの暴風雨の場合、動きは主に、高気圧圏から低気圧圏へと空気が移動する結果だからです。低気圧圏を空気のすき間のようなものと考えてください。

ブルース：⑩ええと……自然な結果として、周辺の空気がすき間に押し寄せると思います。

バートン先生：⑪そうですね、ところが、今論じている圏域の大きさでは、コリオリの力が常に空気を低気圧圏の右側に押しやることを意味します。同時に、低気圧はその空気を引き込み続けます。北半休ではその結果、空気は低気圧圏へと反時計回りに渦を巻いて流れ込みます。非常に大きな排水口に水が流れ込むように。そして、できあがるのです、大規模なハリケーンや台風が。

(B)

[設問から得られるヒント]
主題は引き続きコリオリの力だろう。PattyとLisaが見たショーの話が展開されそうなので、
ショーの内容を事前に想像してみるとよいだろう。
[設問ごとのリスニングポイント]
(6) ほかの設問からも、彼女の見たショーについての会話が続くと想定される。つまり、ショーの内容が会話の最初に話される可能性が高い。
(7) Bruceはショーに否定的な立場を取ると読み取れる。となれば、ショーの話を聞いた直後にそれを示す発言があるに違いない。
(8) perfect conditions（完ぺきな状況）に必要な要素が羅列されるだろう。その中で聞こえたものから潰していけばよい。
(9) ここでもう一度、ショーについての基本的な情報に戻っている。会話のまとめに入ったとも考えられる。
(10) 会話全体の内容からの出題。事前に問題と選択肢を頭に入れておかないと、解くのは難しいだろう。

(6) 正解：c)

パティによると、彼女が見たショーとは

a) 時計を使った時差に関するもの。
b) 北極圏にあるホテルで行われた。
c) 地理的な特徴に関係したもの。
d) エクアドル産の植物に関する。
e) 南半球でキャッチボールすることに関する。

解説

パティの最初の発言でショーについて述べられている。They let water out of a pan in the northern hemisphere, and it went down the drain counterclockwise, right? Then they did the same thing on the other side of the equator, and it went down clockwise.（北半球側で容器から水を流すと、反時計回りで排水口を流れていったのよ、いい？そして、同じことを赤道の反対側ですると、時計回りに流れていったの）とショーの内容を説明。この直前に、これが行われた場所をour hotel on the equator（私たちが泊まった赤道上のホテル）と言っている。その場所の特性を利用したとされるショーなので、c)が正解。

(7) 正解：b)

ブルースによると、ショーは科学的ではなかった。なぜなら……からである。

a) コリオリの力は地面の近くではまったく働かない
b) その水の動きはコリオリの力の影響を十分に受けるほどに大きくはなかった
c) 彼はコリオリの力の基本的な論理を信じていない
d) すべての中で水だけはコリオリの力に影響されない
e) どのように手を使って水を回したか、そのショーで説明しなかった

it doesn't have anything to do with water going down drains.（それ［コリオリ効果］は排水口を流れる水には関係がないんだ）というブルースに、リサはWhy not?と尋ねる。ブルースは、because the water doesn't travel far enough for it to be thrown off by the earth's rotation.（そうした水は地球の自転で振り回されるほど長い移動はしないからだよ）と理由を示している。選択肢b)がこれと同じことなので、正解。

(8) 正解：d)

ブルースは、完ぺきな状況下であればその効果が水に影響を与えるかもしれない、わずかな可能性に言及している。それらの状況に含まれないものは
a) 赤道からの距離。
b) どのように容器が設計されているか。
c) なめらかに設計された排水管。
d) バケツ1杯の淡水。
e) 実験室の状況。

解説

なかなか引き下がらないパティに、ブルースは第12段落でいくつもの条件を並べ、そこで述べられたように完ぺきな状態なら可能かもしれないと説明する。その条件とは、make the water utterly, perfectly still（水を完全に静止させる）、the pan was round and had a perfectly designed surface without any imperfections（容器が円形で、完全に滑らかに作られた表面があり）、the drain was designed to release quickly and cleanly（排水口が素早く完全に水を流せる造りになっている）、under laboratory conditions, far, far from the equator（赤道からはるか遠く離れた実験室の条件下で）としている。静止した水は条件の1つだが、バケツの淡水については触れていないので、d)が正解となる。

(9) 正解：e)

リサによると、ショーの男性は
a) ホテルのキッチンで実演をした。
b) 明らかに水を動かしていた。
c) それをやりながら、世界中を旅した。
d) 水が静まる前に栓を抜いた。
e) 科学的とは程遠い道具を使った。

解説

会話の終盤で、納得したリサはパティに、We must admit, Patty, he definitely wasn't using the most scientific of equipment. It looked like an old sink ripped out of the hotel kitchen, and a plastic bucket.（認めざるを得ないわ、パティ。彼は確かに最高に科学的な装置を使ってはいなかった。ホテルのキッチンからはぎ取った古い流し台のように見えたし、それにプラスチックのバケツ）と、ショーで使われた道具がずさんだったことを述べている。したがって、正解はe)。

（10）正解：c)

会話の中で、ブルースが示していないことは
a）多くの人がコリオリの力を誤解している。
b）彼は友人たちをがっかりさせる気は決してなかった。
c）この実験をやるにはノルウェーが最高の場所だ。
d）ショーをやっていた男は、どうにかして水を動かした。
e）赤道はコリオリの力の影響が最も弱い。

解説
ブルースのすべての発言をチェックしておこう。a)はインチキだったと知ったパティに言った、A lot of people believe the same thing.（たくさんの人が同じことを信じ込んでいる）。b)は、序盤のI hate to tell you this（こんなこと言いたくないけど）や、最後のI feel kind of bad for making you feel like you got duped（だまされた気分にさせて何だか申し訳ない）から分かる。d)はThe guy somehow causes the water to spin without you noticing.（その男は、気付かれないようにどうにかして水を回転させる）と言っている。e)はa few feet from the equator? That's where the effect is weakest!（赤道から数フィート離れただけ？　そこは影響が最も弱いところだよ）から分かる。c)のノルウェーは赤道から遠い場所の一例であって、そこがベストだとは言っていない。よって、c)が正解。

▶スクリプトと訳

(B) 29   Bruce   Patty   Lisa

Bruce: ①So, Patty and Lisa. How was your trip to Ecuador?

Patty: ②It was great. Hey Bruce, you're studying earth sciences or something, aren't you? You should have seen this show they did at our hotel on the equator. They let water out of a pan in the northern hemisphere, and it went down the drain counterclockwise, right? Then they did the same thing on the other side of the equator, and it went down clockwise. It was really cool. They called it the gladiolas force or something ...

Bruce: ③... the Coriolis force. But, uh, I hate to tell you this — that was a big scam.

Patty: ④But we saw it, didn't we, Lisa? It really works.

Lisa: ⑤Yes, the guy said it happens because of the way the earth spins.

Bruce: ⑥Yes, well, I mean, it is a real effect and everything. But it doesn't have anything to do with water going down drains.

Lisa: ⑦Why not?

Bruce: ⑧Basically because the water doesn't travel far enough for it to be thrown off by the earth's rotation. I mean, that water only takes a few seconds to drain out, but the earth takes a whole day to spin around. Short timescales and distances really aren't affected by the Coriolis force. If they were, we wouldn't even be able to play catch without the baseball flying off to one side.

Patty: ⑨So how do you explain it, Mister Expert?

Bruce: ⑩Now, now. This is my major, remember? Anyway, it's completely fake. The guy somehow causes the water to spin without you noticing. It doesn't take much. Most likely it's the way he poured it into the pan.

Patty: ⑪But I saw him still the water with his hands before he pulled the plug. It wasn't spinning.

Bruce: ⑫Trust me, it was. You can't just still water in a few seconds like that. It takes days for even a bucket of water to become perfectly still, and that's under ideal circumstances. I mean, if you did manage to make the water utterly, perfectly still, and if the pan was round and had a perfectly designed surface without any imperfections, and the drain was designed to release quickly and cleanly from the bottom without affecting the direction of the water as it began to pour out, and you did this experiment under laboratory conditions, far, far from the equator — like, Norway — the Coriolis force would nudge the water in

238

a counterclockwise direction.

Patty: ⑬See?

Bruce: ⑭No, but I mean, you were, what — a few feet from the equator? That's where the effect is weakest! Being a few feet away isn't going to make the slightest difference. I don't care how much you try to still the water with your hands. That was probably the point at which the guy was getting it to move.

Lisa: ⑮We must admit, Patty, he definitely wasn't using the most scientific of equipment. It looked like an old sink ripped out of the hotel kitchen, and a plastic bucket.

Bruce: ⑯Well, don't feel bad. A lot of people believe the same thing. I feel kind of bad for making you feel like you got duped, though. I hope you enjoyed the rest of your vacation!

ブルース：①それで、パティとリサ。エクアドルへの旅行はどうだった？

パティ：②素晴らしかったわ。そうだ、ブルース、あなたは地球科学か何かを勉強しているんでしょう？　私たちが泊まった赤道上のホテルでショーをしたの、あなたは見たことがあるはず。北半球側で容器から水を流すとき、反時計回りで排水口を流れていったのよ、いい？　同じことを赤道の反対側ですると、時計回りに流れたの。すごく面白かったわ。グラジオラスの力とか何とか呼んでいたけど……。

ブルース：③……コリオリの力だね。だけど、ええと、こんなこと言いたくないけど—それはとんでもないペテンを見たんだね。

パティ：④でも私たち、見たよね、リサ。本当にそうなるんだから。

リサ：⑤そう、その男の人は、地球の自転のせいでそうなるって言ってた。

ブルース：⑥うん、まあ、つまり、それ自体は実在の効果でれっきとしたものだよ。だけど、排水口を流れる水には関係ない。

リサ：⑦どうしてないの？

ブルース：⑧基本的には、その水は地球の自転で振り回されるほど長い移動はしないからだよ。つまり、その水は流れ落ちるのに数秒しかかからない。でも、地球は1回転するのに丸1日かかる。時間的尺度と距離が短いと、それほどコリオリの力の影響は受けない。もし影響を受けたら、キャッチボールをすると必ずボールが一方向にそれるじゃないか。

パティ：⑨じゃあ、あれをどう説明するの、専門家さん？

ブルース：⑩まあ、まあ。これは僕の専門科目だよ、ね？　とにかく、それってまったくのインチキだな。その男は、気付かれないようにどうにか水を回転させるんだ。大した手間は掛からない。大概のところは、容器への水の注ぎ方次第だろう。

パティ：⑪だけど、栓を抜く前に手で水の動きを止めたのを見たわ。水は回っていなかった。

ブルース：⑫絶対に、回っていたはずだよ。そんなふうに数秒で水の動きを止めるなんてできないから。バケツ1杯の水だって、静止するには何日もかかるよ、それが理想的な状況下でも。つまり、もし水をすっかり、完全に静止させることができたとして、容器が円形で、キズひとつない完ぺきに作られた表面だとして、流し始めたら排水口が水の方向に影響を与えず、底から素早く正確に流せる造りになっていたとして、この実験を実験室の条件下で、赤道からはるか遠く離れた場所——ノルウェーとか——でやるとしたら、コリオリ力が水を反時計回りに動かすかもしれない。

パティ：⑬でしょう？

ブルース：⑭いや、だけどつまり、君たちがいたのは、何だい——赤道から数フィート（数十センチ）？　そこは効果が一番弱い場所だよ！　数フィート離れているって、何の違いにもならない。どれだけ頑張って手で水の動きを止めようとしたって、関係ない。多分そのとき、その男は水を動かしていただろう。

リサ：⑮認めざるを得ないわ、パティ、確かに最高に科学的な装置を使っていたわけじゃないもの。ホテルのキッチンからはぎ取った古い流し台のように見えたわ、それとプラスチックのバケツでしょう。

ブルース：⑯まあ、気を落とさずに。同じことを信じ込んでいる人はたくさんいる。だけど、だまされた気分にさせて何だか申し訳ない。それ以外の旅路は楽しめたならいいけど！

(C)

［設問から得られるヒント］

人間と化学物質のかかわり合いに関するスピーチだろうと想像がつく。また、設問中の greenhouse gas（温室効果ガス）などから、大気汚染に言及している可能性を考えよう。

［設問ごとのリスニングポイント］

(11) キーワードは ozone である。また、summer などパラフレーズのきかない語も聞こえて くるだろう。

(12) carbon monoxide という語の意味が分からなくても、音でキャッチし、それが引き起 こす症状を拾うようにしよう。

(13) greenhouse というキーワードを待ち構え、そこで言われている物質を拾う。触れられ ないものが答えになる。

(14) まず、選択肢の語を知っていれば、化学物質でないものは外すことができる。語を知ら なければ、harmful chemicals やそれに当たる語句をポイントに据えよう。

(15) CFC という語になじみがないかもしれないが、必ずしも意味を知る必要はない。CFC 自体は聞き取りやすいはずなので、その前後に集中しよう。

(11) 正解：b)

オゾンというガスは、夏に大きな問題となる。なぜなら、……からである。

a) 日光中の物質と反応する

b) 日光の中で生成される

c) 窒素酸化物によって日光と結合する

d) 日光によって地球に送られる

e) 樹木やほかの植物に存在している

解説

オゾンは最初の具体例として挙げられている。第2段落で First is ozone, a gas that is formed when nitrogen oxides mix with organic compounds in sunlight, which is a major problem in the summer.（最初はオゾンです。窒素酸化物が日光を浴びながら有機化合物と 混ざると生成される気体で、夏の大きな問題です）と述べられる。つまり、生成される過程に日光 が含まれるわけだから、b)が正しいということになる。

(12) 正解：c)

話者によると、一酸化炭素は……問題である。

a) 呼吸障害に関連している

b) 心臓疾患で苦しむ人々にとって

c) めまいを引き起こすため

d) ぜんそく疾患のある自動車の運転手にとって

e) 不眠症を引き起こす

解説
一酸化炭素はオゾンの次に言及されている。第3段落、this gas, which can cause headaches and dizziness.（この気体は頭痛やめまいを引き起こすことがある）が答え。パラフレーズもなく、そのまま dizziness と言っているので、c) が正解。

（13）正解：d)

話者が温室効果ガスとして言及していないガスは
a) 牛から出るメタン。
b) 二酸化炭素。
c) 亜酸化窒素。
d) 二酸化窒素。
e) 水田から出るメタン。

解説
はっきりと greenhouse gas という語は話されていないが、greenhouse effect のあるガスが紹介されている。第6段落で、Carbon dioxide, methane, and nitrous oxide are a big problem because they enter the atmosphere and warm up the planet, a process known as the greenhouse effect.（二酸化炭素、メタン、亜酸化窒素は大きな問題です。というのも、これらは大気に入り込んで地球を温暖化させるからです。温室効果と呼ばれる作用です）とあるので、これに含まれていない d) が正解である。

（14）正解：c)

話者が挙げている有害化学物質の一例は
a) さまざまな形態のオゾン。
b) 化石燃料。
c) ダイオキシン。
d) 無機物。
e) 紫外線の照射。

解説
第8段落冒頭で、Next on the agenda are harmful chemicals and minerals such as dioxins and asbestos.（次の話題は、ダイオキシンやアスベストといった、有害な化学物質と無機物）と述べている。ダイオキシンが有害化学物質、アスベストが有害無機物の例となっているので、答えは c) となる。

（15）正解：e)

話者によると、フロンガスに関係のないものは
a) オゾン層の破壊。
b) 皮膚ガンの間接的な原因。
c) 人間の視力への間接的な害。
d) エアコンと冷蔵庫。

e）それら（フロンガス）の使用禁止を解除する動き。

第9段落で、フロンガスについて話されている。放送文の登場順に言うと、found in air conditioners and refrigerators（エアコンや冷蔵庫に発見される）が d)に当てはまる。These chemicals are known to destroy the ozone layer.（こうした化学物質はオゾン層を壊すことで知られている）が a)、The loss of the ozone layer can lead to skin cancer and eye problems because of ultraviolet radiation from the sun.（オゾン層の消失は、太陽からの紫外線を原因とした皮膚ガンや目の疾患につながる可能性がある）が b)と c)を、それぞれ言ったものである。e)に関しては、第10段落で CFC's have been regulated since 1989 when the Montreal Protocol went into effect（CFC はモントリオール議定書が発効された1989年以来、規制されている）とあり、すでに規制されているので、これが正解。

▶スクリプトと訳

① Thank you, Bob. Now, to continue today's topic about environmental problems, I would like to talk about major air pollutants and their effects on us.
② First is ozone, a gas that is formed when nitrogen oxides mix with organic compounds in sunlight, which is a major problem in the summer. Nitrogen oxides, of course, come from burning fossil fuels such as gasoline and coal, and organic compounds that come from just about everywhere, including trees and factories. Organic compounds, by the way, are chemical compounds whose molecules contain carbon. Ozone can cause a number of health problems to humans and other animals, including asthma and other breathing difficulties, and can also hurt plants.
③ Next is carbon monoxide, a gas that also comes from the burning of fossil fuels. Automobiles are a big producer of this gas, which can cause headaches and dizziness.
④ Nitrogen dioxide is also produced by automobiles as well as by power plants. This gas reacts in the atmosphere leading to acid rain, which can harm plants and animals. People exposed to this gas for a long time are likely to suffer from lung infections.
⑤ Sulfur dioxide is a gas that comes from burning coal or oil in power plants. It can also lead to acid rain and can cause breathing difficulties and harm trees and other plants.
⑥ Carbon dioxide, methane, and nitrous oxide are a big problem because they

enter the atmosphere and warm up the planet, a process known as the greenhouse effect. The first of these comes from the burning of fossil fuels and other sources, the second from such sources as cows and rice paddies, and the third from decaying plants and industrial activity. We know that the greenhouse effect leads to the warming of the planet, causing raging forest fires, increased devastating flooding, changes in sea levels and problems in coastal areas.

⑦ Lead is a very poisonous metal found in cars and industrial sources. In some countries it is also still used in paint, which is a particular problem for small children. Lead can cause kidney problems and increase the risk of heart attacks.

⑧ Next on the agenda are harmful chemicals and minerals such as dioxins and asbestos. Many of these are produced by chemical plants or are emitted when fossil fuels are burned. Of course, asbestos can still be found in older buildings, though globally its use has been widely banned. Many of these substances can cause cancer and birth defects. They can also cause skin and eye problems, and breathing difficulties.

⑨ Other chemicals, which can be dangerous though they may not be as poisonous, include chlorofluorocarbons, or CFC's, and other compounds. CFC's, of course, have been found in air conditioners and refrigerators whereas other compounds are the result of industrial activity. These chemicals are known to destroy the ozone layer. The loss of the ozone layer can lead to skin cancer and eye problems because of ultraviolet radiation from the sun.

⑩ Fortunately, CFC's have been regulated since 1989 when the Montreal Protocol went into effect and since then have generally been phased out of use around the world. Ginny will now talk about the efforts that have been made, and still need to be made, to solve this problem of air pollutants.

①ありがとう、ボブ。さて、環境問題に関する本日の話題を続けるに当たり、私は、主な大気汚染物質と、それらの私たちへの影響について述べたいと思います。

②最初はオゾンです。窒素酸化物が日光を浴びながら有機化合物と混ざると生成される気体で、夏の大きな問題です。窒素酸化物は、もちろん、ガソリンや石炭といった化石燃料が燃えてできるもので、有機化合物は、樹木や工場を含む大体ありとあらゆる場所で生まれます。有機化合物とは、ちなみに、分子に炭素を含む化合物のことです。オゾンは人間やそのほかの動物に、ぜんそくや、そのほかの呼吸困難を含む数々の健康問題を引き起こし、また、植物に害を与えることもあります。

③次は一酸化炭素です。やはり化石燃料を燃やすと発生する気体です。自動車はこの気体の大きな排出源で、これは頭痛やめまいを引き起こすことがあります。

④二酸化窒素も自動車、さらには発電所からも排出されます。この気体は大気中で反応し酸性雨を起こし、それが植物や動物に害をもたらします。この気体に長時間さらされた人は、肺の感染症にかかりやすくなります。

⑤二酸化硫黄は、発電所で石炭や石油を燃やすと発生する気体です。これも酸性雨をもたらし、呼吸困難の原因となり、樹木などの植物に害を及ぼすことがあります。

⑥二酸化炭素、メタン、亜酸化窒素は大きな問題です。というのも、これらは大気に入り込んで地球を温暖化させるからです。温室効果と呼ばれる作用です。これらのうち最初に述べたもの（二酸化炭素）は化石燃料を燃やすなどの発生源から、二番目（メタン）はウシや水田などの発生源から、三番目（亜酸化窒素）は腐朽しかかった植物や産業活動から発生します。温室効果は地球温暖化、森林火災の発生、大規模な洪水の頻発、海水位の変化、沿岸地域での諸問題を引き起こすと知られています。

⑦鉛は、自動車や工業原料で見つかる非常に毒性の強い金属です。いくつかの国ではいまだに塗料にも含まれており、これが小さな子どもにとって問題となることがあります。鉛は、腎臓障害を引き起こし、心臓発作のリスクを高める可能性があります。

⑧次の議題は有害な化学物質と無機物です。例えば、ダイオキシンやアスベスト。これらの多くは化学工場で発生するか、化石燃料が燃焼する際に排出されます。もちろん、アスベストは国際的に広範囲で使用が禁止されていますが、いまだに古い建築に見つかります。こうした物質の多くは、ガンや出生異常を引き起こす可能性があります。また、皮膚や目の疾患、呼吸困難の原因にもなります。

⑨そのほかの、毒性はないものの危険性のある化学物質に、クロロフルオロカーボン、すなわちCFC（フロンガス）などの化合物があります。CFCはご存じの通りエアコンや冷蔵庫から発しました。一方で、それ以外の化合物は産業活動の結果生まれるものです。こうした化学物質はオゾン層を壊すことで知ら

れています。オゾン層の消失は、太陽からの紫外線を原因とした皮膚ガンや目の疾患につながる可能性があります。

⑩幸いなことに、CFCはモントリオール議定書が発効された1989年以来は規制されています。それ以来、世界的に徐々に使用されなくなりました。では次にジニーが、こうした大気汚染問題を解決するために努めてきた行動と、これからも努めるべき行動について話してくれます。

Comment from Kimutatsu

最後まで頑張った君は絶対に成功する。『新 キムタツの東大英語リスニング』とこの『Super』を潰した人は、かなりのリスニング力が付いているはず。その能力を受験で終わらせるのはモッタイナイ。大学卒業後は世界を舞台に活躍する人生の選択肢を考えてもいいと思うよ。本当にここまでお疲れさまでした！

木村達哉
KIMURA, Tatsuya

西大和学園中学校・高等学校で10年間、灘中学校・高等学校で23年間教えた後、2021年4月より本格的に作家としての道を歩む。また、執筆活動に加え、全国の中学校・高等学校での講演や英語の先生向け勉強会の開催など、教育活動に精力的に取り組んでいる。『新ユメタン』『東大英語』シリーズ（いずれもアルク）ほか、著書多数。

書名	新 キムタツの東大英語リスニング Super
発行日	2021年12月16日（初版） 2024年9月20日（第4刷）
監修・執筆	木村達哉
協力	チームキムタツ
編集	株式会社アルク 文教編集部
英文作成協力	Peter Branscombe、Harry Harris、Owen Schaefer、Margaret Stalker
英文校正	Peter Branscombe、Margaret Stalker
アートディレクション	細山田 光宣
デザイン	小野安世（細山田デザイン事務所）
イラスト	花くまゆうさく、師岡とおる
ナレーション	Emma Howard、Eric Kelso、Julia Yermakov、Sarah Greaves、StuartO、Michael Rhys
録音・編集	株式会社メディアスタイリスト
DTP	株式会社 秀文社
印刷・製本	日経印刷株式会社
発行者	天野智之
発行所	株式会社 アルク 〒141-0001　東京都品川区北品川6-7-29 ガーデンシティ品川御殿山 Website：https://www.alc.co.jp/ 学校での一括採用に関するお問い合わせ： koukou@alc.co.jp（アルクサポートセンター）

地球人ネットワークを創る

アルクのシンボル
「地球人マーク」です。